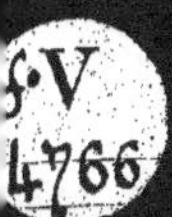

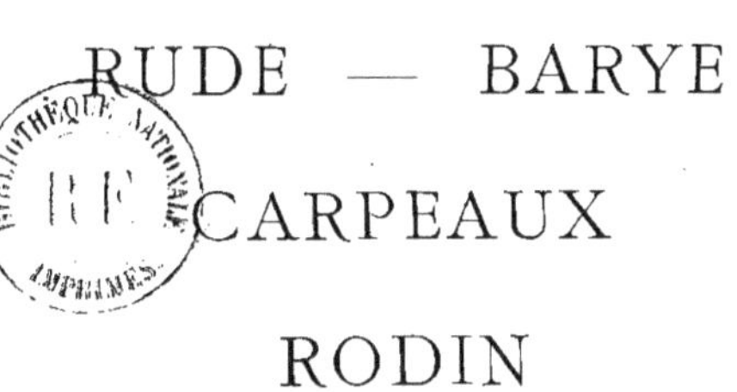

# RUDE — BARYE
# CARPEAUX
# RODIN



1

HOMMAGE

A

M. LÉONCE BÉNÉDITE

CONSERVATEUR

DU

MUSÉE DU LUXEMBOURG

L. D.

LOYS DELTEIL

# LE PEINTRE-GRAVEUR ILLUSTRÉ

(XIX$^e$ ET XX$^e$ SIÈCLES)



TOME SIXIÈME

# RUDE — BARYE
# CARPEAUX
# RODIN

PARIS
*Chez l'Auteur, 2, rue des Beaux-Arts*
1910

## AVIS AU LECTEUR

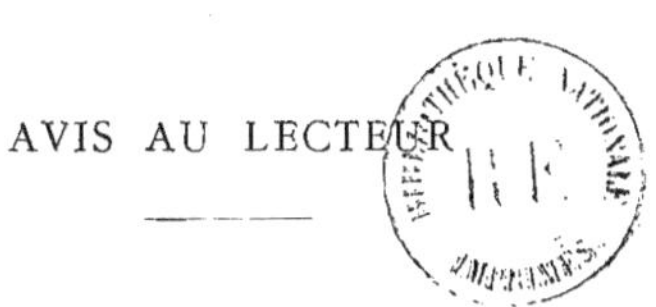


Nous consacrons le présent tome du *Peintre-Graveur Illustré*, aux grands sculpteurs qui ont gravé ou lithographié, c'est-à-dire à Rude, à Barye, à Carpeaux et à Auguste Rodin.

D'autres statuaires ont également manié la pointe ou fait appel au crayon lithographique pour traduire quelques-unes de leurs impressions ou les multiplier comme Chaudet, Ant. Etex, J. Flaxman, Antonin Moine, Jean Feuchère, Falguière, Paul Dubois par exemple ; mais nous avons cru ne devoir admettre ici que les maîtres dont la signification de l'œuvre apparaît à tous plus particulièrement originale et décisive.

Nous ne saurions trop remercier nos collaborateurs de leur fidélité à toute épreuve ; elle est pour nous un précieux auxiliaire pour la poursuite régulière de nos travaux, et c'est avec une joie toujours plus vive que nous transcrivons leurs noms à cette même place : la Bibliothèque Nationale, Mme la Comtesse de Béarn, Mme Clément-Carpeaux ; MM. Marcel Aubert, Alf. Beurdeley, Mre Bois, G. Bourcard, F. Bracquemond, Campbell Dodgson, N. Dugourd, Gottf. Eissler, Fix-Masseau, Edouard Fromentin, Marcel Guérin, G. Haviland, Ch. Jacquin, Frantz Jourdain, Max Lehrs, G. A. Lucas, Mme Luzon-Barye, Roger Marx, Dr Mascha, T. Möller, E. Moreau-Nélaton, Jules Pillion, A. Pontremoli, A. Ragault, Aug. Rodin, A. Rouart, Edmond Sagot, Clovis Sagot, A. Strölin, E. Waldmann, Ch. Waltner et F. Weitenkampf.

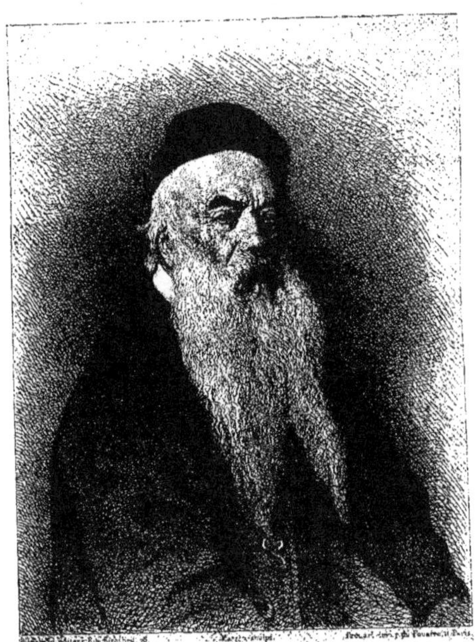

FRANÇOIS RUDE
par
ALPH. MASSON

# RUDE

L'immortel auteur du bas-relief du *Départ des Volontaires*, ornant l'un des piliers de l'Arc-de-Triomphe de l'Etoile, a-t-il gravé et lithographié? Les moindres éléments font défaut pour pouvoir répondre affirmativement à cette question déjà posée à diverses reprises. On attribue cependant à Rude la lithographie reproduite ci-après, fidèle traduction de l'un de ses premiers succès comme sculpteur, de son *Pêcheur Napolitain*, exposé au Salon de 1833. Cette lithographie d'un dessin très pur, d'un grain très fin, d'une délicate tonalité, ne porte pas de nom d'auteur, en dehors de celui du statuaire; or, en dépit de la parfaite connaissance du métier qu'elle révèle et qui semblerait par cela même impliquer des essais antérieurs ignorés, elle n'en est pas moins regardée par la majorité des amateurs et des artistes comme l'œuvre de Rude. M. Henri Beraldi la mentionne en tous cas dans ses *Graveurs du XIX*[e] *siècle*, mais avec cette sérieuse réserve : « Comme cette lithographie est du crayon le plus fin, on en « conclut que, du premier coup, Rude *grenait* mieux que tous les lithographes « de profession. Toutefois il est bon de remarquer que la pièce n'est signée ni « *Rude del.*, ni *Rude lith.* Il serait plaisant qu'après tant d'éloges elle fut tout « simplement de la main d'Alophe. »

Imprimée chez Charles Motte, cette lithographie de modeste dimension était destinée à une revue d'art, mais nous ne savons encore laquelle malgré nos recherches; elle n'a pas paru en effet, comme l'indique par erreur M. Henri Beraldi, dans *l'Artiste*. En dépit de toutes ces incertitudes, nous n'avons cependant pas cru devoir passer sous silence, dans un fascicule consacré aux grands statuaires français, l'unique lithographie donnée à Rude, avec le secret espoir qu'un document irrécusable viendra enfin affirmer ou infirmer cette paternité.

François Rude, son auteur présumé, naquit à Dijon, le 4 janvier 1784, où il apprit les premiers éléments du dessin de François Devosge, alors directeur de l'Ecole des Beaux-Arts de la Ville. Appelé en 1806 par la conscription, Rude fut dispensé du service militaire grâce au directeur des contributions de Dijon, Frémiet, qui, s'intéressant vivement à son avenir, s'empressa de lui donner un

2

remplaçant ; toujours par les soins de Frémiet, Rude fut envoyé à Paris pour parfaire ses études sous la direction de Pierre Cartellier. A l'Ecole des Beaux-Arts de Paris, Rude y obtint le 2e prix de Rome en 1809, puis en 1812, le 1er ; mais retenu à ce moment par des travaux officiels, il ne s'achemina pas de suite ainsi que le réglement l'exige, vers la Ville Eternelle, où son séjour fut d'ailleurs de courte durée. En mars 1815 en effet, Rude se trouvait à Dijon où il apprenait que le Maréchal Ney — dont il devait plus tard sculpter une superbe image — se portait à la tête d'une poignée de soldats en avant de Napoléon, dans le but d'arrêter la marche de l'Empereur sur Paris, au retour de l'Ile d'Elbe; chaud partisan de l'Empereur, Rude n'écoutant alors que les sentiments qui le guidaient et que son courage, se présenta au devant de Ney avec quelques-uns de ses compatriotes, au cri de *Vive l'Empereur !* Son juvénile et ardent enthousiasme arrêta non seulement Ney et sa cohorte, mais elle les gagna l'un et l'autre à la cause impériale.

Au retour des Bourbons, Frémiet, le bienfaiteur de Rude, pressentant les représailles du nouveau régime, en raison de son inaltérable attachement à la cause de Napoléon, gagna la Belgique où Rude, reconnaissant, le rejoignit presque immédiatement. En 1821, il épousa d'ailleurs la fille ainée de Frémiet, Sophie, laquelle peignait des portraits qui « eussent suffi — a écrit M. Maurice « Bois, l'historiographe du capitaine Noisot — dans les conditions ordinaires, « à la placer parmi les peintres les plus célèbres de son temps. »

Rentré en France en 1827, Rude se remit assidument au travail et exposa au Salon l'année même de son retour, puis à ceux de 1829, de 1831, de 1833 — le *Pêcheur Napolitain*, sujet de la lithographie, et qui lui valut la croix de la Légion d'Honneur —, de 1834, de 1838, de 1848, de 1852, de 1855, où il remporta la médaille d'honneur, de 1857, exposition posthume celle-là.

Parmi les œuvres les plus célèbres de François Rude, outre le *Pêcheur Napolitain*, le *Départ des Volontaires* et le *Maréchal Ney*, auxquels nous avons fait allusion plus haut, nous citerons encore ici le *Louis XIII enfant*, *Godefroy Cavaignac couché sur son tombeau*, *Hébé*, la *Résurrection de Napoléon Ier sur le rocher de Ste-Hélène ;* la conception de cette dernière œuvre est due à l'initiative enthousiaste d'un soldat qui suivit Napoléon dans son infortune et fut parmi les rares gardes du corps de l'Empereur, à l'Ile d'Elbe; nous faisons allusion au capitaine Noisot (1787 + 1861), fixé sous la Restauration à quelques kilomètres de Dijon, à Fixin, où il connut Rude et se lia avec lui d'une chaude amitié qu'entretenait, en dehors d'une vive réciprocité sympathique, une même opinion politique, un même culte. M. Maurice Bois a écrit tout au long l'historique de ce monument, dans une brochure publiée en 1900.

Quel était enfin le caractère physique et moral de Rude, dont la plus grande partie des productions décèle une vigueur et une franchise qui n'excluent nullement la correction ?

Nous ne croyons mieux faire pour répondre à ce dernier point que de laisser la parole à Théophile Silvestre qui connut Rude dans les dernières années de sa vie et l'a dépeint en ces termes :

« C'était un beau vieillard de soixante-douze ans, verdoyant, droit comme « un I, et bâti en Hercule Farnèse. Ses membres puissants forçaient ses vête- « ments, et son cou de taureau se gonflait avec une formidable vigueur pendant « que ses mains velues taillaient le marbre ou pétrissaient la terre glaise. Sa « stature n'était guère au-dessus de la moyenne, mais elle paraissait élevée ; son « port révélait le courage. Une barbe de patriarche lui descendait jusqu'à « la ceinture, avec une abondance extraordinaire qui attirait les regards des « passants..... Des sourcils jeunes, âpres, noirs comme le jais, donnaient un « certain accent de dureté et d'emportement à cette physionomie d'ailleurs si « douce et si paterne. Le front, bossué aux deux coins de sa base, était égale- « ment bombé sur le milieu et fuyait par les côtés, depuis les tempes jusqu'au « sommet de la tête, dépouillée et reluisante. Les yeux étaient petits, fins et « caressants dans la joie, ternes et demi fermés dans la tristesse, gonflés et flam- « boyants dans l'irritation. Le nez, court et rond, manquait de caractère : les « joues, la bouche et le menton se noyaient dans des flots de poils : on ne « voyait saillir avec vigueur que les pommettes grêlées par la petite vérole......

« Sa vie fut calme, retirée, solide et pure au milieu d'un siècle frivole, « corrompu et maladif. Ses mœurs, simples et droites, semblaient taillées sur le « patron de celles des anciens. Rude était un Romain qui fumait la pipe. Mais « cette austérité d'un autre âge limitait son intelligence et lui fermait les issues « lumineuses que la pratique de la vie moderne n'eut pas manqué de lui ouvrir... « Il semblait regretter en même temps le brouet noir de Sparte.. .. et l'épée « d'Austerlitz. Il adorait à la fois Alexandre-le-Grand, Leonidas, César, Caton « d'Utique, Brutus, Robespierre et Bonaparte ; passait en rêve le Granique et le « Pont d'Arcole ; enfin, par l'exaltation de l'esprit, il triomphait à Marathon, à « Salamine, à Marengo ; mourait aux Thermopyles, sur le pont du Vengeur ou « dans les plaines de la Pologne. Voilà tout ce qu'il savait de l'histoire et de la « politique. Il aimait d'instinct la gloire, la patrie, la force et la grandeur d'âme, « en confondait les temps et les mœurs, le despotisme et la liberté, comme un « homme du peuple qui ne voit dans toute action éclatante que l'exercice de « fiers tempéraments plus ou moins semblables au sien.... »

Comme on en peut juger par les lignes précédentes, Rude est un artiste qui s'apparente par la noblesse de son caractère et la droiture de sa vie, à Millet, à Corot et à Barye, ces belles et grandes figures de l'art du XIXᵉ siècle.

## PÊCHEUR NAPOLITAIN

(H. 105 millim. L. 106)

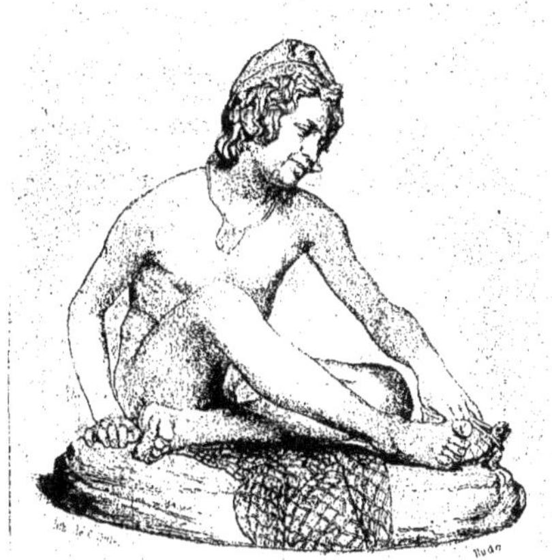

Lithographie publiée dans ?

**VENTES** : G. Hédiard (1904), 4 fr.; A. Ragault (1907), 13 fr.; Laurent Dumont (1907), 8 fr.

---

M. Henri Beraldi dans ses **Graveurs du XIX<sup>e</sup> siècle**, indique par erreur que le *Pêcheur Napolitain* a été publié dans l'**Artiste** (année 1835).

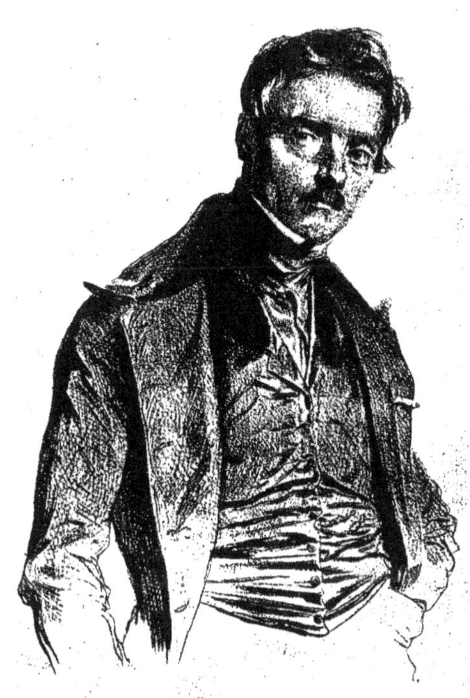

BARYE.

A. L. BARYE

par

JEAN GIGOUX

# BARYE

L'œuvre gravé et lithographié de Barye se compose de peu de pièces : huit à la connaissance de M. Henri Beraldi, douze à la nôtre ; nous ne comprenons naturellement pas dans ces douze planches, une lithographie attribuée à Barye, mais que nous avons cru devoir rejeter comme apocryphe. Le célèbre statuaire a-t-il été un producteur autrement fécond dans le domaine de l'estampe? Nous ne le croyons pas. Tout au plus, l'œuvre complet comprendrait-il quatorze pièces si l'on se base sur le catalogue des œuvres de Barye qui furent exposées au lendemain de sa mort, à l'École des Beaux-Arts (novembre 1875). On relève en effet, sous les numéros suivants de ce catalogue : **N° 515. Une Eau-forte, Cerf et Panthère** (plus justement Cerf et *lynx*) — **N° 516. Quatre lithographies — N° 517. Quatre lithographies — N° 518. Cinq lithographies.** En s'en tenant à cette trop laconique nomenclature, unique document existant en somme sur l'importance de l'œuvre gravé et lithographié de Barye, dont aucun de ses contemporains ne s'est jamais avisé, on peut augurer que cet œuvre se composerait en définitive d'une eau-forte et de treize lithographies ; nos recherches, nous ont fait retrouver *onze* lithographies de Barye, sur les *treize* présumées, en supposant bien entendu que *chaque* lithographie exposée était différente et *toutes* irrécusablement de la main de Barye.

Quoiqu'il en soit, cet œuvre restreint renferme plusieurs lithographies d'une réelle grandeur en leur petit cadre, lithographies ni répandues dans le public, ni même le plus souvent connues des mieux informés : la raison? Leur insigne rareté. Nous faisons allusion au *Faon couché*, surtout au *Tigre au repos* et au *Tigre à l'entrée de son antre*, comptant à la fois parmi les plus belles et les plus rares planches de l'œuvre. Le caractère particulier à chaque animal est rendu, notamment dans les trois pièces précitées, avec une science, une sincérité et en même temps une énergie qui en font d'incontestables chefs-d'œuvre ; expression, forme et couleur, vérité anatomique de la structure et des attitudes, souplesse des mouvements, assiette des volumes, sentiment des lieux, puissance du modelé, tout cela se lit ou s'écrit en elles avec une égale supériorité qui permet alors d'admirer sans réserve la précision savante, la beauté impressionnante de ces petites pièces où rien ne choque, mais au contraire ou tout concourt par la perfection de chaque détail, à l'homogénéité de l'œuvre. On y trouve en un mot, dans son épanouissement, l'alliance de la science et du sentiment, — style et couleur — alliance qu'avait ébauchée Géricault, mort trop jeune pour la réaliser intégralement, mais que Barye avait reprise, agrandie et rendue pour ainsi dire définitive.

Quelques autres lithographies de Barye revêtent également de sérieuses qualités: le *Jeune Axis*, d'une si fine silhouette, d'une facture souple et distinguée se rapprochant de celle du *Faon couché*; l'*Ours du Mississipi*, si vrai dans son aspect massif et dont on ferait un beau bronze comme du *Jeune Axis* d'ailleurs; *Une Lionne et ses petits*.

Dans le *Combat* et le *Lion de Perse*, Barye est moins heureux : s'il y a de la fougue dans le *Combat*, on constate aussi de la molesse; le *Lion de Perse* plus spécialement, présente de l'indécision dans le dessin, de la lourdeur dans la facture; toutefois, ces réserves faites, on constatera que Barye ne fut jamais vulgaire, ni même banal; ainsi dans l'*Etude de chats*, pas très heureusement groupés, l'esprit félin rendu avec beaucoup de bonheur, rachète le défaut de composition si rare chez Barye d'ailleurs.

Antoine Louis Barye, élève de Bosio et du B[on] Gros, naquit à Paris, le 24 septembre 1796; entré à 16 ans chez un graveur sur acier nommé Fournier, alors qu'il exécutait d'autre part des matrices d'acier pour les repoussées de l'orfèvre Biennais, Barye fut appelé peu après par la circonscription sous les drapeaux et fut versé dans la brigade topographique du génie. Libéré du service militaire en 1814, il devint le disciple de Bosio pour la sculpture, de Gros pour le dessin.

Entré à l'École des Beaux-Arts le 7 juillet 1818, Barye concourut plusieurs années de suite pour le grand prix de la gravure en médailles sans jamais l'obtenir: en 1819 il fut gratifié d'une mention; en 1820, le second prix lui fut octroyé avec le sujet suivant: *Caïn entendant la voix de l'Eternel;* ce fut tout; les années suivantes, il ne fut même pas admis en loge. Barye qui s'était alors marié, abandonna l'École, reprit ses travaux d'orfèvrerie pour assurer le pain quotidien et tandis que le jour il travaillait chez Fauconnier, le soir il étudiait chez Suisse.

Barye débuta au salon en 1827; il exposa ensuite en 1831, puis en 1833, où son *Lion dévorant un serpent*, s'il fut en but à la critique de quelques-uns de ses confrères, obtint un grand succès dans d'autres milieux et mit en tout cas son nom en vedette, Barye n'était d'ailleurs déjà plus un inconnu, et l'*Artiste* qu'avait fondé depuis peu Ricourt, non content d'offrir l'hospitalité aux premières lithographies du jeune maître, le soutenait par la plume autorisée de ses critiques, tandis que le romantique Gigoux lithographiait son portrait dont nous donnons un fac-simile en tête de cette notice.

En 1834, Barye exposa son groupe du *Cerf aux prises avec un Lynx*, groupe perpétué par l'eau-forte qu'il avait exécutée pour le *Musée* (revue du salon de 1834), publié par le frère du peintre Decamps et auquel collaborèrent également Delacroix, Cabat, Marilhat, Célestin Nanteuil, Flers, Jadin.....

Encore participant aux salons de 1835 et de 1836, Barye cesse ensuite d'exposer, rebuté par l'injustice montrée à son égard — ne lui refusait-on pas en 1837, ses modèles du *Surtout* commandé par le Duc d'Orléans, ainsi que ses petits bronzes, ses *serre-papiers* ainsi qu'on les baptisait dédaigneusement — et surtout par la mauvaise foi d'intéressés répandant sournoisement dans le public, qu'il était impuissant à traduire la figure humaine, alors qu'au contraire sa haute valeur est indéniablement proclamée sous ce jour, par ses groupes du *Centhaure et le Lapithe,* de *Thésée et le Minotaure*, de *Charles VI*, du *Gaston de Foix*: ce n'est plus qu'à deux reprises et beaucoup plus tard, en 1851 et en 1852, qu'il prit part à nouveau aux salons.

La liste des récompenses donnée à Barye est facile à établir : elle se limite à une seconde médaille en 1831, puis à une médaille d'honneur (Exposition Universelle de 1855); décoré en 1831, nommé officier de la Légion d'honneur en 1855, Barye fut conservateur des Plâtres et des Moulages au Musée du Louvre de 1848 à 1851, puis professeur de dessin au Museum, à partir de l'année 1854. Enfin, l'Institut l'admit dans son sein.

Barye fut marié deux fois : de sa première femme, morte en 1830 ou en 1831, il avait eu deux filles qu'il perdit (1); de sa seconde union, naquirent huit enfants, dont trois garçons, Alfred, Georges et Julien lui survécurent. Le premier d'entre eux qui a suivi la carrière artistique, et a exposé comme sculpteur aux salons, notamment en 1864, 1865, 1866, 1874 et 1882, est mort à la fin du siècle dernier.

C'est le vendredi, 25 juin 1875, que Barye mourut ; il habitait alors au n° 4 du quai des Célestins et ses obsèques eurent lieu le lundi suivant à l'Église S^t-Paul-S^t-Louis.

Barye ne fut pas seulement l'admirable sculpteur que tout le monde connaît : il fut aussi un très puissant aquarelliste, l'un des plus prestigieux qui aient jamais été. On doit enfin à Barye — et ceci ne saurait être oublié, même ici — d'avoir remis en honneur les procédés à peu près oubliés de la fonte à cire perdue.

Barye, au dire de ses contemporains, était un caractère noble, une nature probe et forte quoique sensible, un homme d'un solide savoir, mais réservé, modeste, incapable de mensonge, ignorant le savoir-faire, ce tremplin des médiocres et des ambitieux ; il était à la fois acharné au travail et profond observateur. Sa vie fut des plus simples et des plus effacées, aussi sa gloire est-elle de bon aloi, car elle repose uniquement sur ses œuvres.

(1) Au convoi de la fille de Barye, il ne s'y trouvait aucun des artistes, ses amis, que je vois ordinairement avec lui, mars 1847. (Journal d'Eug. Delacroix, T. 1^er, p. 285.)

# ŒUVRE

# GRAVÉ ET LITHOGRAPHIÉ

DE

# BARYE

---

## EAU-FORTE

(N° 1)

---

## LITHOGRAPHIES

(Nos 2 à 12)

## 1. — UN CERF ET UN LYNX

(L. 124 millim. H. 075)

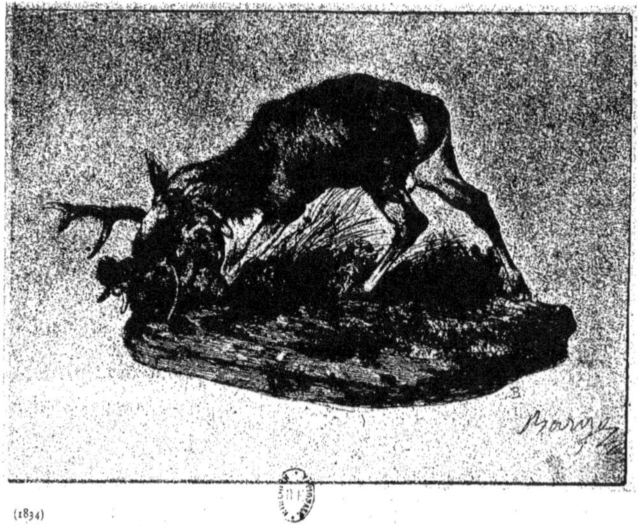


(1834)

Très rare.
Collections de MM. Alf. Beurdeley (épr. signée), Félix Bracquemond.

---

Cette eau-forte, gravée par Barye d'après un groupe en plâtre qu'il avait exposé au Salon de 1834, était destinée à figurer dans **Le Musée**, *revue du Salon de 1834, par Alexandre D**** (Alexandre Decamps, frère du peintre), Paris, *Ledoux*, 1834; mais ainsi qu'il en advint pour les autres planches de cet intéressant livre, c'est simplement un transport sur pierre exécuté par le procédé Delaunois qui remplaça l'eau-forte de Barye, dans la presque totalité des exemplaires.

---

**VENTES** : Mène (1899), 49 fr.; H. Giacomelli (1905), 29 fr.

## 2. — ÉTUDE DE TIGRE

(L. 190 millim. H. 108)

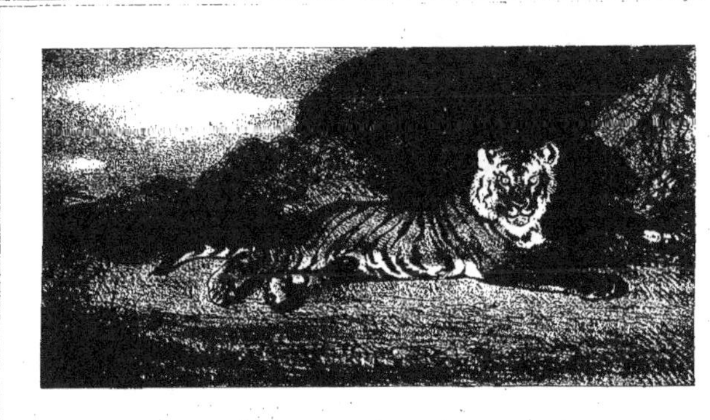

(1832)

1er État. Avec la lettre et le nom de Delaunois, comme imprimeur. État publié dans **L'Artiste** (4e trimestre de 1832). On rencontre toutefois cette pièce accompagnant aussi le 4e fascicule de l'année 1833 ; mais ce n'est pas sa vraie place.

2e — Le nom de Bertauts remplace celui de Delaunois. Le mot : L'ARTISTE subsiste.

3e — Le mot : L'ARTISTE est effacé et remplacé en H. à G., par : **Souvenirs d'Artistes**, et à D., par : 219.

---

**VENTES** : Edm. Hédouin (1889), 1er état, 8 fr. 50; A. Ragault (1907), 1er état, 20 fr.; Anonyme, 24 février 1908, 13 fr.; Anonyme, 5 avril 1910, 26 fr.; Anonyme, 4 novembre 1910, 1er état, 27 fr.

## 3. — UNE LIONNE ET SES PETITS

(L. 232 millim. H. 149)

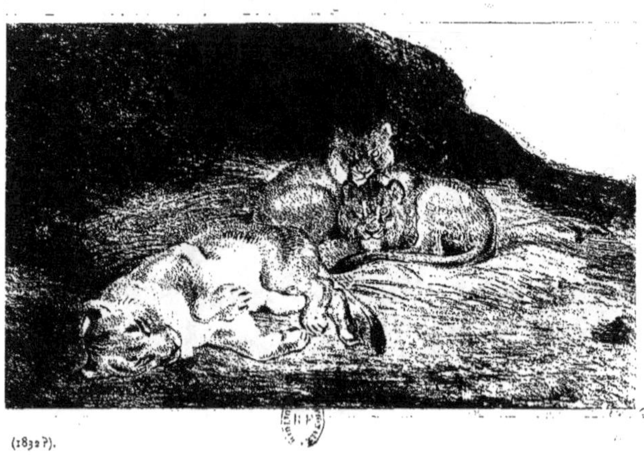

(1832 ?).

1er État. Avant toute lettre. Fort rare. Collection de M. Gottf. Eissler.

2e — Avec la lettre et l'adresse de Delaunois. Très rare. Collection G. A. Lucas.

3e — La planche est retouchée et le nom de Bertauts remplace celui de Delaunois. Au B. à G., on lit : *Barye lith.* Rare. Collection de M. F. Bracquemond.

4e — Avec la même lettre et la même adresse, mais les montagnes du fond, à droite, sont effacées.

5e — Le titre : L'ARTISTE, est enlevé et remplacé, dans le H. à G., par ces deux mots : *Souvenirs d'artistes.* Les inscriptions en marge, légèrement modifiées, se lisent ainsi : *Bary* (sic) *del.* — *Imp. Bertauts Paris.*

---

**VENTES** : A. Lebrun (1899), sans désignation d'état, 17 fr. ; A. Ragault (1907), 4e état, 14 fr. ; Anonyme, 5 avril 1910, 4e état, 90 fr.

---

On rencontre des épreuves d'*Une Lionne et ses petits*, où les mots *l'Artiste* ou *Souvenirs d'artistes* ont été grattés.

## 4. — LION DE PERSE

(L. 227 millim. H. 137)

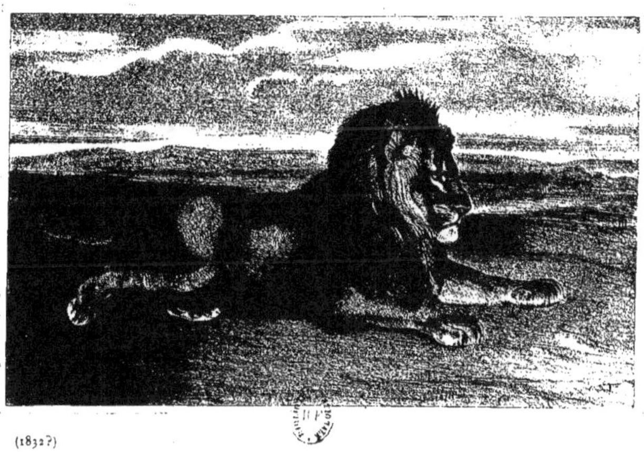

(1832?)

1er État. Avant toute lettre. Fort rare. Collection de M. Gottfried Eissler.

2e — Avec la lettre, le titre : L'ARTISTE, et le nom de Delaunois comme imprimeur. Rare.

3e — Le nom de Delaunois est remplacé par celui de Bertauts. Le titre : L'ARTISTE, subsiste.

4e — Le titre : L'ARTISTE, est effacé et remplacé en H. à G., par les mots : **Souvenirs d'Artistes**, et à D., par le no : 118. Collection du Dr Mascha.

---

**VENTE** : Anonyme, 4 novembre 1908, avec le no 8 de notre cat., 22 fr.

## 5. — COMBAT

(L. 252 millim. H. 151)

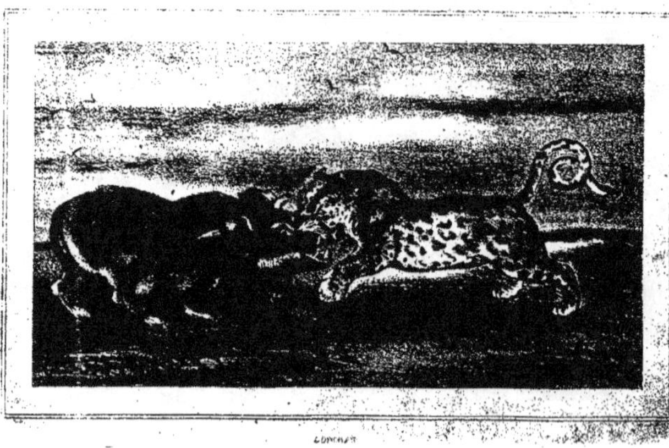

(1832 ?)

Lithographie très rare.

1er État. Avec la lettre, mais avant le titre : L'ARTISTE. Collection G. A. Lucas.

2e — On lit dans le H., au M. : L'ARTISTE. Kunsthalle de Brême. Bien qu'une épreuve nous ait été signalée avec le titre : l'Artiste, nous ne croyons pas que cette pièce ait paru dans cette Revue, car on ne la rencontre qu'exceptionnellement.

---

**VENTE** : Mene (1899), 1er état ?, avec les nos 2 et 7 de notre catalogue, 33 fr.

## 6. — OURS DU MISSISSIPI

(L. 235 millim. H. 177)

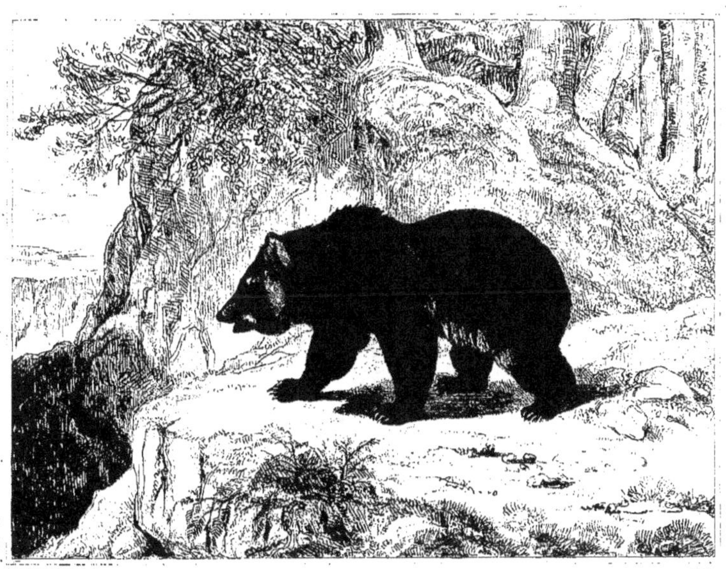

(1836)

1er État. Avant toute lettre. Fort rare. Collection de M. Gottf. Eissler.

2e — Avec la lettre et le n° 3 dans le H. à G. Etat publié dans un *Album Lithographique*. Rare. Kunsthalle de Brême, Bibliothèque Nationale, Bibliothèque publique de New-York, MM. A. Beurdeley, A. Rouart.

---

**VENTES** : Mène (1899), 2e état, 5 fr.; G. Pochet (1902), avec le n° 3 de notre catal., 4 fr.; A. Ragault (1907), 2e état, 16 fr.; Anonyme (16 décembre 1908), 2e état, 59 fr.; L*** (10 mars 1910), 2e état, 40 fr.

---

L'épreuve de l'*Ours du Mississipi* conservée à la *Bibliothèque Nationale*, porte la date de : 1836, comme année de *dépôt légal*.

## 7. — JEUNE AXIS

(L. 201 millim. H. 156)

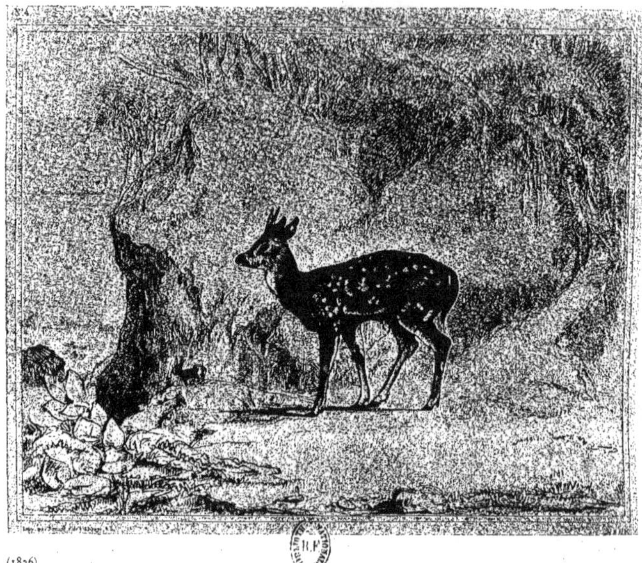

(1836)



Nous ne connaissons qu'un état de cette lithographie publiée dans un *Album Lithographique*.

---

**VENTE** : Mène (1899), avec les nos 2 et 5 de notre cat., 33 fr.

---

Rare. Kunsthalle de Brême, Bibliothèque Nationale, Bibliothèque publique de New-York, M. Loys Delteil.

---

L'épreuve du *Jeune Axis* conservée à la *Bibliothèque Nationale*, porte la date de : 1836, comme année de *dépôt légal*.

## 8. — ÉTUDE DE CHATS

(L. 220 millim. H. 143)

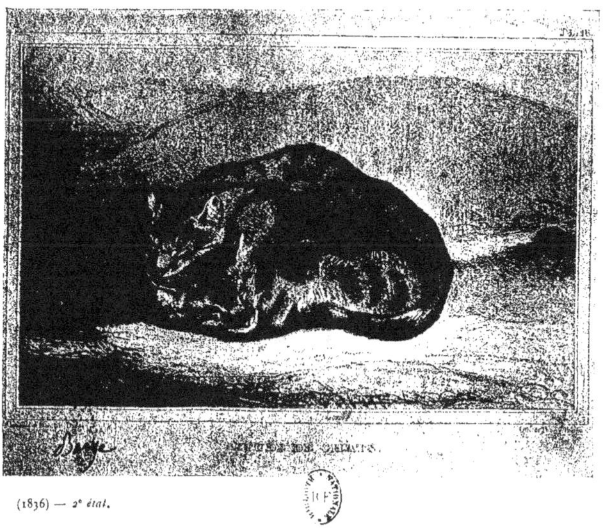

(1836) — 2e *état.*



1er État. Avant toute lettre. Fort rare. Collection de M. Gottfried Eissler.

2e — Avec la lettre. **L'état reproduit.** On lit : *Barge*, au lieu de *Barye*. Très rare. Collection de MM. G. A. Lucas, Alexis Rouart (épreuve du « Bon à tirer à 200. Thénot »).

3e — Le nom de l'artiste est corrigé et le nom de Lemercier remplace celui de Thierry frères. Rare. Bibliothèque Nationale, Bibliothèque publique de New-York, Cabinet des Estampes d'Amsterdam, Kunsthalle de Brême, MM. Alf. Beurdeley, F. Bracquemond, Fix-Masseau.

---

**VENTES** : Anonyme (octobre 1903), 3e état, 10 fr.; H. Fantin-Latour (1905), avec les nos 2 et 3 de notre catalogue, 14 fr.; Anonyme, 4 novembre 1908, avec le no 4 de notre cat., 22 fr.; Anonyme, (22 décembre 1909), 31 fr.

## 9. — LES ANTILOPES

(L. 276 millim. H. 131)

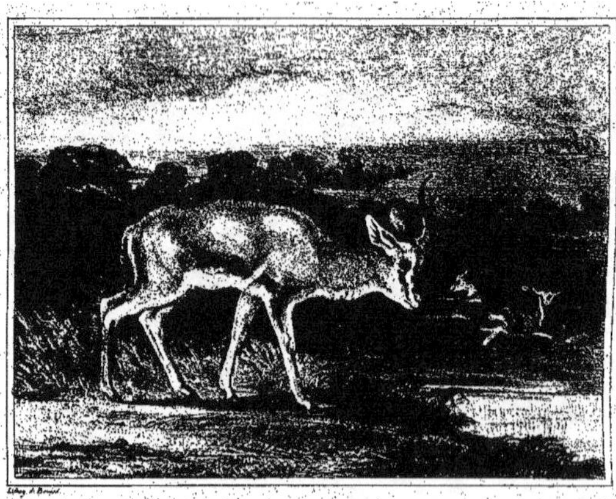

(183.?)

Lithographie anonyme fort rare, sans autre lettre — comme d'ailleurs le *Tigre couché à l'entrée de son antre*, le *Tigre au repos* et le *Faon couché*, avec lesquels elle était certainement destinée à former série — que le nom de l'imprimeur Benard, sous les filets d'encadrement, à gauche.

---

**VENTE** : G. Hédiard (1904), 15 fr.

## 10. — FAON COUCHÉ

(L. 135 millim. H. 0,96)

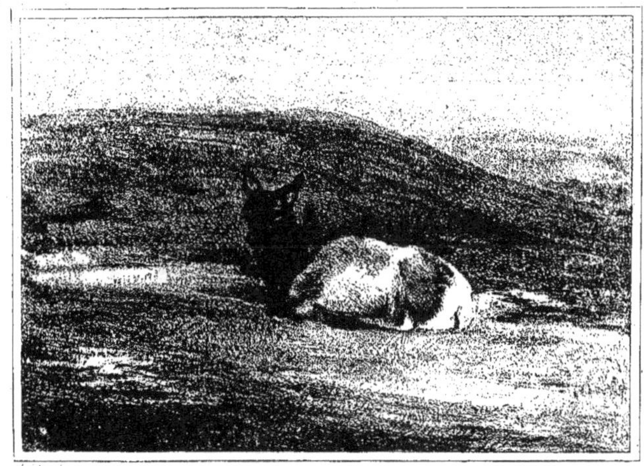

(183. ?)

Lithographie anonyme fort rare, sans autre lettre que le nom de l'imprimeur Benard, sous les filets d'encadrement, à gauche.

---

Collections de MM. Alf. Beurdeley, N. Dugourd, Fix-Masseau, G. A. Lucas.

## 11. — TIGRE A L'ENTRÉE DE SON ANTRE

L. 182 millim. H. 134)

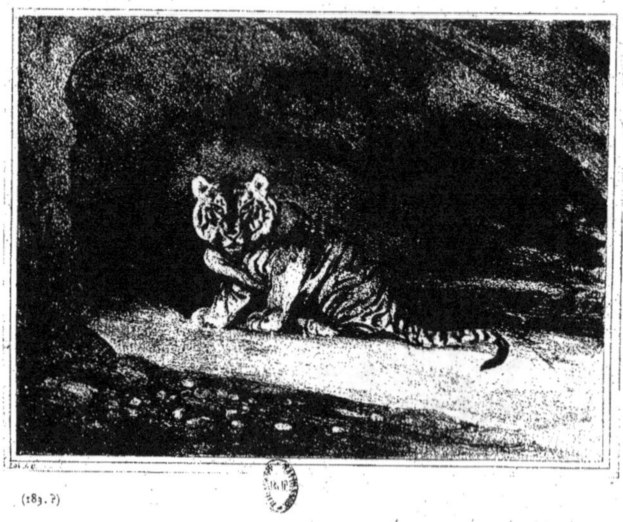

(183.?)

Lithographie anonyme fort rare, sans autre lettre que le nom de l'imprimeur Benard, sous les filets d'encadrement, à gauche.

Collection de MM. N. Dugourd et G. A. Lucas.

## 12. — TIGRE AU REPOS

(L. 124 millim. H. 091)

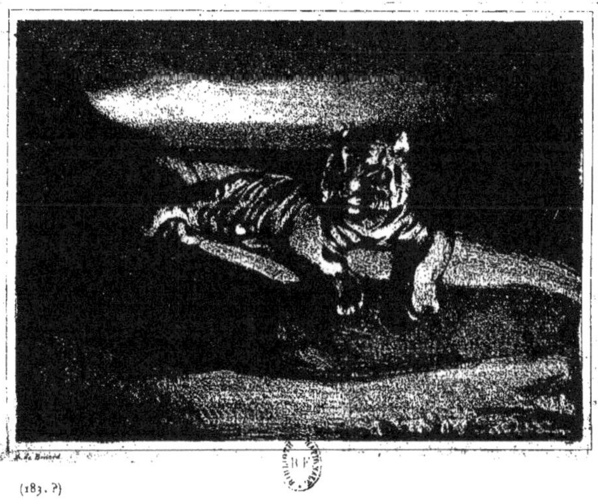

(183. ?)



Lithographie anonyme fort rare et comme les trois précédentes, sans autre lettre que le nom de l'imprimeur Bénard, sous les filets d'encadrement à gauche.

Collection de M. Alfred Beurdeley.

# PIECES FAUSSEMENT ATTRIBUEES

## 1. — LÉOPARD AU REPOS

(L. 140 millim. H. 098)

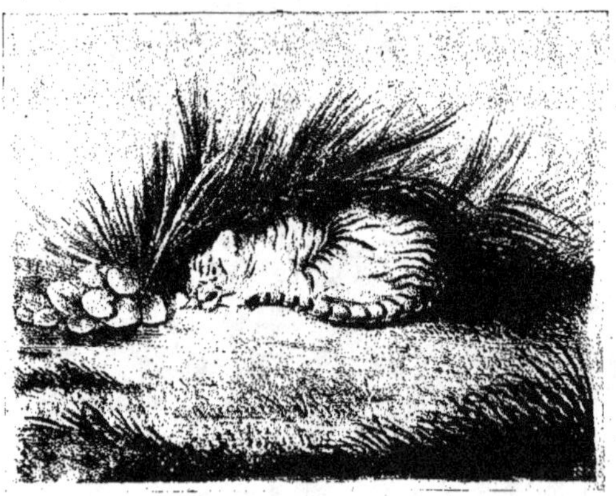

Cette lithographie anonyme et sans aucune lettre, est parfois attribuée à Barye ; nous ne la croyons pas du maître.

---

On attribue encore à Barye deux autres pièces; mais elles s'éloignent tellement des lithographies connues de Barye, qu'elles ne peuvent aucunement soutenir cette attribution, et c'est par acquis de conscience que nous les mentionnons quand même à cette place, sans toutefois les reproduire. Nous faisons allusion au **Lion terrassant une gazelle** (publié dans l'*Artiste*, en 1831), lithographie à double sujet (1° un groupe de Chaponnière, dans le haut — 2° le groupe de Barye, dans le bas) imprimé d'abord chez Delaunois, ensuite chez Castille. Cette lithographie, fort médiocre, porte le nom ainsi orthographié : *Barrye*.

La seconde pièce qui lui est encore donnée et dont une épreuve se trouve à la Kunsthalle de Brême, représentant un **Taureau combattant**, est signée des initiales L. B. Mieux exécutée que la précédente, cette lithographie traitée un peu en croquis, ne saurait être non plus regardée comme une œuvre de Barye.

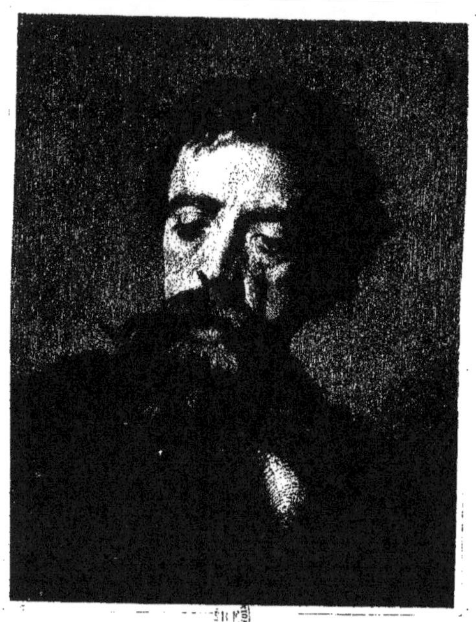

J. B. CARPEAUX

D'APRÈS

la gravure de M. LOUIS BUSIÈRE, d'après GIACOMETTI

# CARPEAUX

L'inédit se rencontre à tout instant dans le domaine de l'estampe, et chercheurs et curieux, ceux que hante le désir des découvertes, n'auront jamais à désespérer de pouvoir ajouter de nouveaux éléments d'information aux travaux de leurs devanciers; certes, parfois les œuvres mises tout-à-coup en pleine lumière par des admirateurs ou plus simplement par des chercheurs favorisés, ne sont pas toujours des créations se recommandant par leur unique mérite d'art : à défaut de cette suprême qualité, ces œuvres gravées empruntent alors l'attrait qui découle tout naturellement de la valeur et de la célébrité dont jouissent leurs auteurs dans une branche autre que celle de l'estampe. C'est le cas pour Jean-Baptiste Carpeaux dont nous allons rappeler aujourd'hui les essais d'eau-forte demeurés jusqu'ici peu connus, essais modestes, mais qui prennent immédiatement leur signification, dès qu'on apprend qu'ils sont les tâtonnements à ses rares heures perdues, d'un homme que son œuvre sculptural a placé au rang des maîtres incontestés de la statuaire moderne.

Carpeaux, graveur à l'eau-forte, est pour plus d'un amateur, une révélation. Dans le vaste répertoire dressé par M. Henri Beraldi sur les *Graveurs du XIXe siècle*, il ne s'y trouve mentionné que deux estampes de Carpeaux qu'il ne connaissait d'ailleurs pas, mais signalées à l'iconographe par Hector Giacomelli leur possesseur ; Bellier de la Chavignerie dans son *Dictionnaire des Artistes de l'Ecole Française*, où se trouve rassemblée une foule de notes documentaires, est muet sur les eaux-fortes de Carpeaux. Nous ne trouvons à citer sur l'œuvre *gravé* de Carpeaux, que notre notice publiée dans l'*Estampe et l'Affiche*, en 1899, puis celle écrite neuf ans plus tard par M. Paul Jamot, dans la *Gazette des Beaux-Arts* (1).

Les eaux-fortes de Carpeaux, il n'y a pas à se le dissimuler, ajouteront peu à sa gloire : elles n'ont ni la supériorité indiscutable de ses œuvres de sculpture, ni le charme de ses esquisses peintes; elles sont en effet gravées le plus souvent d'une pointe un peu égale, généralement maigre et lorsque la facture en veut

(1) No du 1er septembre 1908.

être libre, elle donne l'idée d'un griffonis ou devient brutale. Par contre, il est juste d'ajouter qu'au milieu de ces défauts appelés à disparaître avec une plus longue pratique, — ces défauts tenant de l'ignorance du métier et non de l'ignorance de l'art, — on sent dans la ligne, la recherche du mouvement dans ce qu'il a d'heureux, de passionné ou d'imprévu ; l'indication intelligente des plans prouve la science réelle de l'artiste : enfin les silhouettes, quand elles ne sont pas volontairement grimaçantes, ont de l'allure et du caractère, par conséquent du style. Et, si généralement la force n'est pas, dans ces eaux-fortes, exprimée avec toute l'amplitude voulue, on y lit au moins le désir de la rendre ; telle figure d'ailleurs, comme la trace Carpeaux sur le vernis, ferait une figure sculpturale d'une belle envergure, comme on en trouve de multiples exemples dans sa sculpture, et le portrait de son confrère Esprit Marcellin, daté de 1874, montre enfin la pointe assouplie à la volonté de l'artiste.

L'œuvre gravé de Carpeaux dont M. Jamot a esquissé un catalogue, se monte à notre connaissance à onze planches dont trois lui sont restées inconnues ; par contre, cet écrivain mentionne à l'actif de Carpeaux deux estampes que nous avons dû rejeter ; l'une d'elles, *Notre-Dame du S^t-Cordon* est *gravée* par M. Léopold Flameng ; l'autre, dont nous ignorons le nom de l'auteur, n'a aucun rapport avec les autres œuvres de Carpeaux ; le fac-simile que nous en donnons dans l'appendice, le démontre aisément.

Comment Carpeaux fut-il amené à manier la pointe ? la question se pose, examinons-là : par les eaux-fortes connues de Carpeaux, nous apprenons que c'est pendant son séjour en Italie, presqu'au moment de rentrer en France — en 1859 — qu'il tente un essai que nous présumons être le premier à défaut d'autre preuve, et qu'il n'aurait sans doute pas renouvelé, si une circonstance toute fortuite ne l'avait ramené — passagèrement du moins — vers la gravure.

Au moment où il exécutait le *Jeune pêcheur napolitain* (l'Enfant à la coquille) et concevait l'*Ugolin* — 1860 — à cette date nous dit un article du *Magasin pittoresque*, du 15 septembre 1889, Carpeaux revint dans sa ville natale pour y prendre quelque repos ; il passa alors six semaines chez un avocat de ses amis, Jean-Baptiste Foucart ; entre temps, il modelait le buste de la fille aînée de son hôte et corrigeait les essais de gravure du fils, Paul, alors âgé seulement de 12 ans (ce jeune homme était né à Valenciennes, le 20 février 1848). Corriger des eaux-fortes n'était-ce pas être tenté de reprendre la pointe?

N'était-ce même pas dans le but d'être un meilleur professeur, que Carpeaux aurait exécuté une petite planche dans l'atelier de Joseph Soumy, avant que de gagner Valenciennes dès son retour de Rome.

En tous cas, maître et élève s'éprirent tous deux d'une belle passion pour la gravure et travaillèrent aux mêmes sujets, sur les mêmes cuivres ; deux planches portant leurs noms *ex-æquo* prouvent ce que nous avançons ; empressons-nous d'ajouter que tout cela était gravé sans prétention et que certes dans la pensée de Carpeaux, ces passe-temps exécutés dans le home discret d'une famille amie n'étaient pas destinés à franchir le huis-clos de l'intimité. C'est ce qui explique à notre sens, la rareté des épreuves de cuivres dont plusieurs existent encore. De plus, Carpeaux eut-il signé l'une d'elles — *M. Divuy* — du pseudonyme quasi-fantaisiste de *Diafoirus*, s'il n'avait pas vu dans ces caprices gravés, un délassement et un motif à des plaisanteries locales de portée seulement éphémère ?

Il nous a été donné de voir les planches signées par Paul Foucart. Elles décèlent une main forcément inexpérimentée — il ne faut pas oublier qu'il s'agit d'un gamin de 12 ans — quoique audacieuse, une assez grande pauvreté de dessin lorsque Carpeaux ne les a pas fortement reprises comme le projet d'*Encadrement* ou comme les *Croquis de grotesques* et l'*Ugolin*, où la plus grande part de l'exécution revient sans conteste à Carpeaux ; il est donc impossible de les confondre avec celles gravées sûrement par Carpeaux.

Jean-Baptipte-Jules Carpeaux, né à Valenciennes, le 11 mai 1827 (et non le 14, comme l'ont avancé plusieurs de ses biographes), de Joseph Carpeaux, maçon, et d'Adèle Wargny, sa femme, mourut à Courbevoie, au n° 287 de la rue St Denis, le 12 octobre 1875, l'année même qui avait vue s'éteindre Millet, Corot et Barye !

Elève de Victor Liet et de L. Auvray d'abord, puis de Grandfils, d'Abel de Pujol, de Rude, enfin de Duret sur les conseils même de Rude qui se sentant mal vu à l'Ecole des Beaux-Arts, ne voulait pas en faire pâtir ses élèves, Carpeaux entra à l'Ecole des Beaux-Arts à l'âge de 17 ans ; il y obtint le 2e prix en 1852, puis le grand prix de Rome en 1854 (le sujet du concours était le suivant : *Hector et son fils Astyanax)*, et ce au prix d'efforts inouïs, car il se trouva le plus souvent livré à ses propres moyens dans une carrière épineuse entre toutes, dans les débuts plus particulièrement. L'on dit même qu'il fut un moment porteur aux Halles ; en tous cas, Carpeaux comme Barye demanda vers la vingtième année, à l'art industriel, le morceau de pain indispensable.

Exposant aux Salons presque sans interruption — de 1853 à 1875 — Carpeaux médaillé à ceux de 1859 et de 1863, puis à l'Exposition Universelle de 1867, avait été décoré en 1866 et nommé officier de la Légion d'honneur quelques semaines avant sa mort (1). En 1865 (2), Carpeaux très aimé par Napoléon III,

(1) Ce fut ce même jour (6 août 1875) sous le porche de l'église de Courbevoie, que le prince Stirbey remit à Carpeaux la lettre du ministre lui annonçant sa nomination au grade d'officier de la Légion d'honneur (alors que Carpeaux allait recevoir la communion). (*Le statuaire J. B. Carpeaux*, par Ernest Chesneau, Paris, Quantin, 1880).

(2) Journal des Goncourt, 3 sept. 1865. Retour en chemin de fer avec Carpeaux qui déborde d'esthétique passionnée. Le beau pour lui est toujours la nature : le beau trouvé et le beau à trouver..... Et encore pour lui le corps humain actuel, dans les beaux échantillons, offre d'aussi beaux modèles que la Grèce. Il y a encore des athlètes..... Pour Carpeaux, comme pour les gens de talent et d'avenir de ce temps-ci, il n'y a pas d'idéalisation du beau, il n'y a que sa rencontre et sa perception. Bref, c'est un

avait été choisi pour être le professeur de dessin du Prince Impérial dont il sculptait l'image, l'année suivante.

Marié en 1869, à Mlle Amélie-Marie-Clotilde de Montfort, fille du général de ce nom, née à Libourne en 1847, Carpeaux eut plusieurs enfants de cette union qui ne fut pas heureuse.

Le Prince Georges Stirbey grand admirateur du génie de Carpeaux auquel il s'attacha, en l'éloignant de sa famille naturelle, fit ramener sa dépouille mortelle, à Valenciennes où eurent lieu de magnifiques funérailles ; une aquarelle de C. Moyaux conservée au Musée de Valenciennes relate ces obsèques qui eurent lieu sous la neige ; l'on y voit alors la place de l'Hôtel de Ville ornée de nombreux drapeaux. Notons que le Prince Stirbey, a coopéré par de nombreux dons à la richesse du Musée Carpeaux édifié dans la ville natale du maître, et qui, transporté dans un nouveau palais, a été récemment inauguré.

artiste capable de faire un croquis en omnibus..... Ce Carpeaux : une nature de nervosité, d'emportement, d'exaltation, ce Carpeaux : une figure fruste, toujours en mouvement, avec des muscles changeant continuellement de place, et avec des yeux d'ouvrier en colère : la fièvre du génie dans une enveloppe de marbrier.

## 1. — BRIGANDS CALABRAIS

(L. cuivre 147 millim. H. 111)

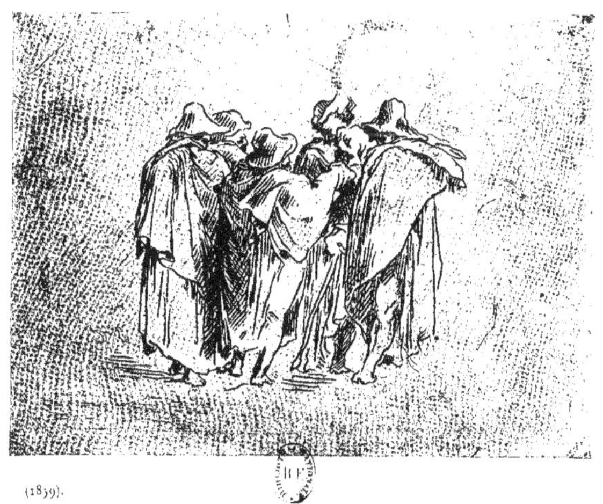



(1859).

**VENTE** : 28-29 novembre 1899, sous le titre : *Italiens en conversation*, avec la signature manuscrite *J. B$^{te}$ Carpeaux 1859*, 39 fr.

---

Le cuivre des *Brigands calabrais*, a figuré à l'*Exposition des œuvres originales et inédites de J. B. Carpeaux*, à l'École des Beaux-Arts (20-28 mai 1894), puis au *Salon d'Automne* (1907).

*Le cuivre existe (il appartient à la famille de l'artiste).*

## 2. — LE GÉNIE DE L'HISTOIRE

(H. 098 millim. L. 044)

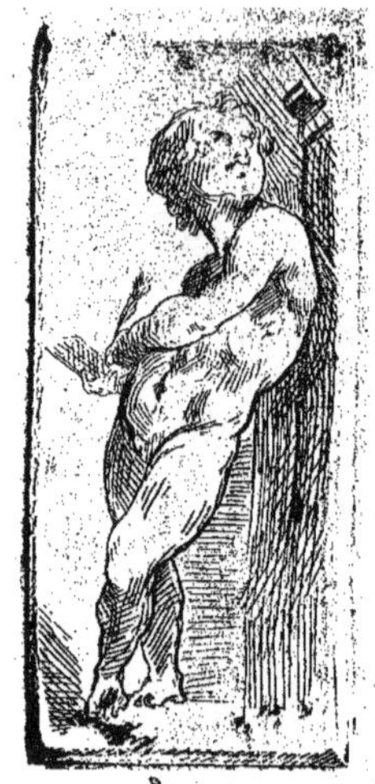

(1860). 1er état.

1er État. Celui reproduit. Fort rare. Musée de Valenciennes. (n° 292).

2e — On lit au bas : *Carpeaux inv. et fecit 1860*. Etat reproduit dans l'**Estampe et l'Affiche** (année 1899, p. 127).

---

**VENTES** : Anonyme, 17 mars 1899, avec les nos 3 et 4 de notre cat., 18 fr., Anonyme, 20 décembre 1899, les 3 mêmes pièces, 33 fr.

---

« Cette eau-forte a été exécutée à Paris, au commencement de 1860, dans l'atelier de Soumy » (1) J. Pillion, *Catalogue du Musée Carpeaux*, à Valenciennes, 1909).

*Cuivre détruit ?*

(1) Dont il a peint le portrait la même année.

## 3. — M. DIVUY

(H. 228 millim. L. 294)

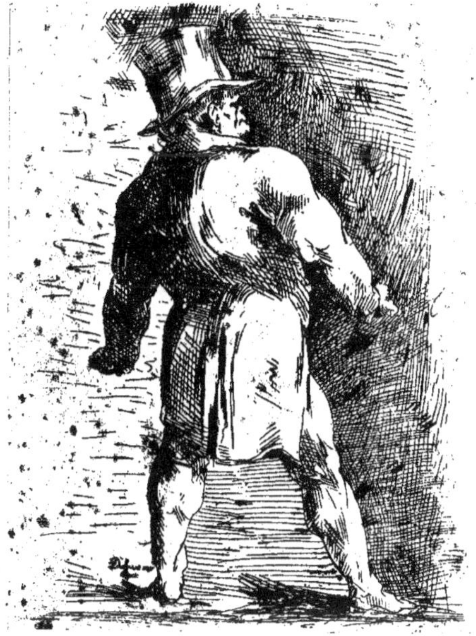

(Valenciennes, 1860).

Les premières épreuves de cette pièce, dont le cuivre existe encore, ont des *barbes* (Musée de Valenciennes). *M. Divuy* a été reproduit dans l'Estampe et l'Affiche (année 1899, *p. 126)*, sous le titre : *Retraité.*

« M. Divuy était un bourgeois de Valenciennes, célèbre sous le second Empire, par ses démélés « avec l'Administration municipale. Un jour de grand dîner, chez lui, des vidangeurs vinrent s'installer « dans le voisinage. Il sortit et leur fit une scène. Carpeaux, qui passait, dessina (1) et grava ensuite « l'image du fougueux opposant. »

« Cette eau-forte, fut faite à Valenciennes, en 1860, sur une grosse plaque de zinc. Carpeaux n'en « couvrit que la moitié, réservant la place de personnages accessoires qu'il n'exécuta jamais » (J. Pillion, *Catalogue du Musée Carpeaux*, à Valenciennes, 1909).

*Le cuivre existe (Musée de Valenciennes).*

(1) Le dessin de *M. Divuy* se trouve également au Musée de Valenciennes.

## 4. — CROQUIS DE GROTESQUES

(L. 287 millim. H. 229)

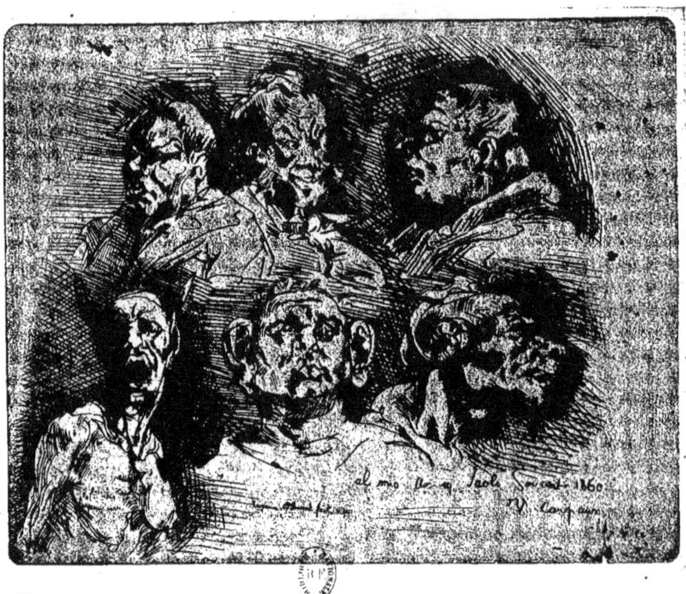

1860.

Musée de Valenciennes, (n° 298) M. A. Beurdeley.

Nous ne connaissons qu'un état de cette eau-forte exécutée par Carpeaux de concert avec son élève Paul Foucart, de Valenciennes, et dont les trois figures du haut sont des charges contre des personnalités valenciennoises bien connues à l'époque, mais dont nous ne sommes pas autorisé à citer les noms. Elle a été reproduite dans le Journal l'**Alliance des Arts et des Lettres** (mai 1876), puis dans l'**Estampe et l'Affiche** (année 1899, p. 128).

---

**VENTES** : Anonyme, 20 déc. 1899, avec les n°s 2 et 3, de notre cat., 33 fr. ; A. Barrion (1905), avec une eau-forte par Carolus-Duran, 11 fr.

---

Sous le n° 209, du catalogue du Musée Carpeaux, à Valenciennes, figure « six têtes grotesques, projet de l'eau-forte ».

*Cuivre détruit ?*

## 5. — BUSTE DE JEUNE FILLE

(H. 165 millim. L. 113)

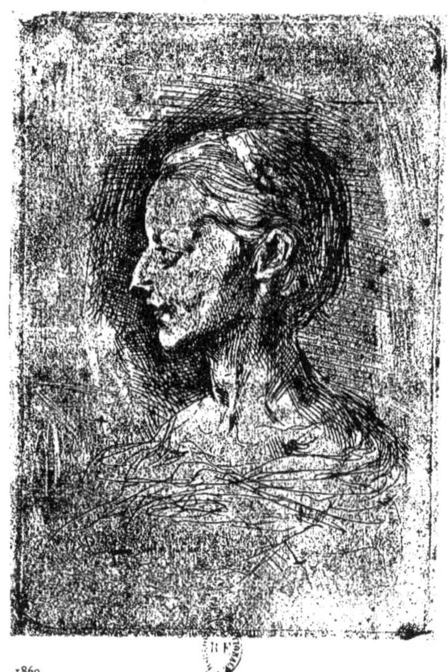

1860



Très rare.

Musée de Valenciennes (n° 294).

*Cuivre détruit.*

## 6. — UGOLIN (1re pensée)

(H. cuivre 187 millim. L. 168)

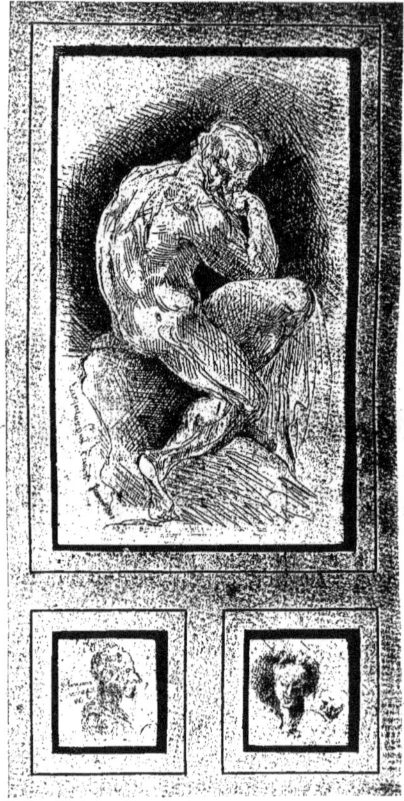

1860.

Musée de Valenciennes. — **VENTE** : Anonyme, 20 avril 1899, 6 fr.

Les épreuves de l'*Ugolin* ne sont pas telles que la donne notre reproduction lorsqu'elles se trouvent dans leur intégrité : les deux croquis de tête se trouvent alors sur la gauche; mais l'épreuve du Musée de Valenciennes qui nous a servie, ici, a été coupée « pour être vue plus commodément » (*Catalogue du Musée de Valenciennes*, p. 52, où cette pièce se trouve décrite sous les nos 295, 296 et 297).

---

La principale figure de cette eau-forte signée de Carpeaux et de P. Foucart, est très certainement inspirée de l'*Ugolin*, auquel Carpeaux travaillait à cette date (1860), et qui exposé au Salon de 1863, valut comme on sait, à son auteur, une médaille de 1re classe.

*Cuivre détruit?*

## 7. — PROJET D'ENCADREMENT POUR LA GÉOMÉTRIE DE DESCARTES

(H. 0190 millim. L. 0120)

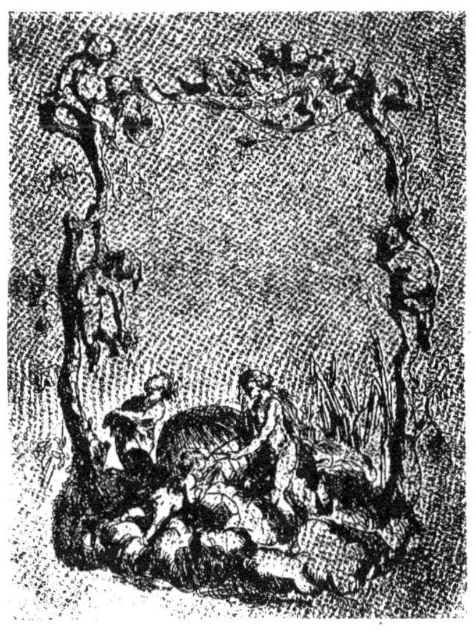

(1860).

Musée de Valenciennes (n° 301).

---

« Cette eau-forte, gravée par M. Paul Foucart, d'après un dessin de Carpeaux, a été retouchée par « celui-ci. Elle devait servir de titre à une édition de *La Géométrie* de Descartes, que préparait « M. Pierre Laffitte.

« Le groupe principal est emprunté à un cul-de-lampe de Cochin, où seulement « *la Géométrie* » « est habillée au lieu d'être nue. » (J. Pillion, *Catalogue du Musée Carpeaux*, à Valenciennes).

*Cuivre détruit?*

## 8. — BACCHANALE D'ENFANTS A L'ANE

(L. cuivre 145 millim. H. 113)

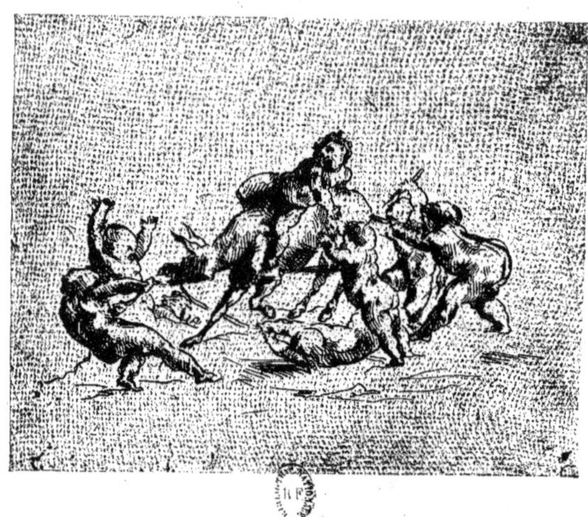



**VENTE** : H. Giacomelli (1905), avec la pl. suivante, 59 fr.

---

Le cuivre de la *Bacchanale d'enfants à l'âne*, a figuré à l'*Exposition des œuvres originales et inédites de J. B. Carpeaux*, à l'Ecole des Beaux-Arts (20-28 mai 1894), puis au *Salon d'Automne* (1907).

---

Cette eau-forte a été reproduite dans la *Gazette des Beaux-Arts* (n° de Septembre 1908), en fin de chapitre de l'étude sur *Carpeaux, peintre et graveur*, par **M. Paul Jamot.**

*Le cuivre existe* (il appartient à la famille de l'artiste).

## 9. — BACCHANALE D'ENFANTS AU CHARRIOT

(L. cuivre 145 millim. H. 111)

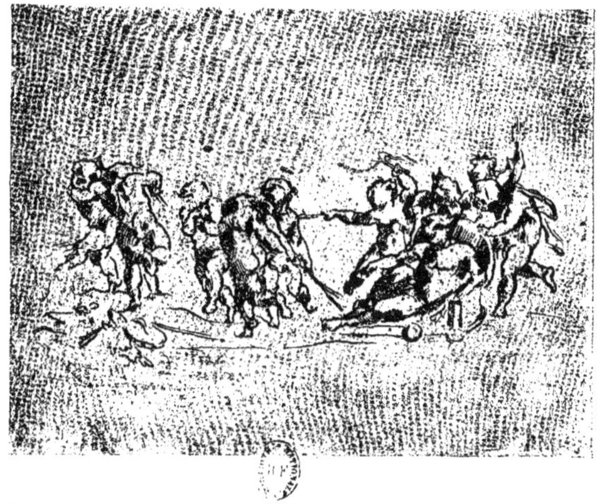

**VENTE** : H. Giacomelli (1905), avec la planche précédente, 59 fr.

---

Le cuivre de la *Bacchanale d'enfants au charriot*, a figuré sous le titre : *Jeune Femme traînée par des enfants*, à l'*Exposition des œuvres originales et inédites de J. B. Carpeaux*, à l'École des Beaux-Arts (20-28 mai 1894), puis au *Salon d'Automne* (1907).

*Le cuivre existe* (il appartient à la famille de l'artiste).

## 10. — PORTRAIT D'HOMME

(H. 100 millim. L. 0,61)

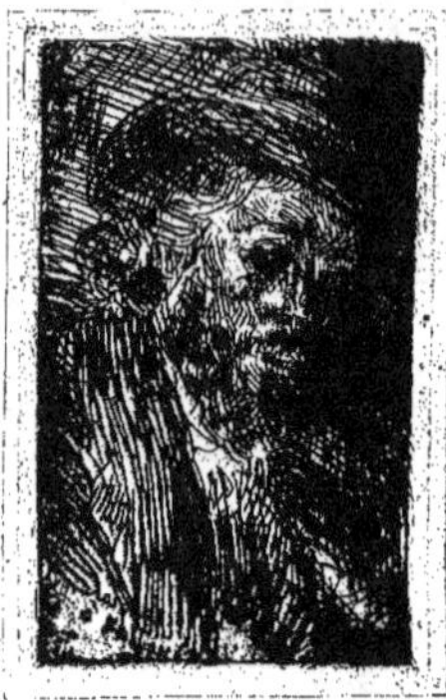

(1867 ?).

Le cuivre de cette eau-forte qui a passée jusqu'ici presque inaperçue, se trouve encore dans la famille de Carpeaux.

En dépit de nos recherches, nous n'avons pu identifier ce portrait; nous n'avons pu non plus lire exactement l'inscription qui parait se terminer par une dédicace et le chiffre *67* ?

*Le cuivre existe* (il appartient à la famille de l'artiste).

## 11. — PORTRAIT DU SCULPTEUR J. E. MARCELLIN

(H. 126 millim. L. 085)

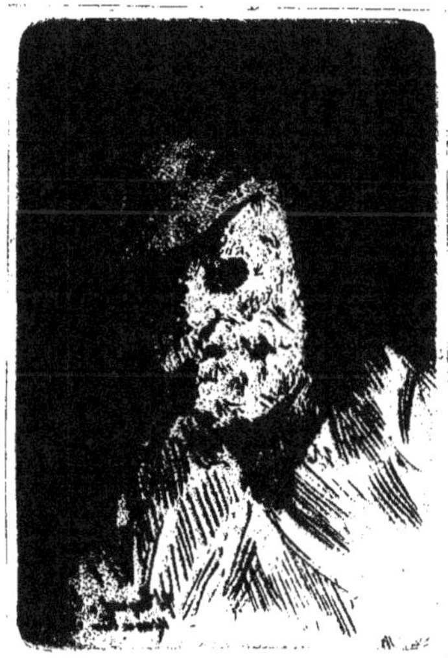

1874.

Collections de MM. le Dr Mascha, A. Beurdeley, F. Bracquemond, etc.

---

**VENTES** : H. Fantin-Latour (1905), 27 fr.; Anonyme, 26 février 1906, 10 fr.; Anonyme, 3 février 1909, 8 fr.

---

Le sculpteur Jean-Esprit Marcellin, dont Carpeaux a gravé le portrait et que Aug. Rodin connut, était né à Gap (Hautes-Alpes), le 24 mai 1821, et mourut à Paris, le 22 juin 1883. Il fut élève de Rude. Exposant aux Salons, de 1845 à 1882, J.-E. Marcellin avait été décoré en 1862. On cite parmi ses œuvres, les suivantes : Le *Berger Cyparisse* (Musée de Grenoble), *Cypris allaitant l'Amour*, le *Retour du Printemps*, le *Trait-d'union*, le *Premier bijou*, etc.

---

Cette eau-forte a été exposée à la Centennale de 1900, sous le titre : **Buste d'homme.**

*Cuivre détruit?*

# PLANCHES FAUSSEMENT ATTRIBUÉES

## 1. — NOTRE-DAME-DU-SAINT-CORDON

(H. 250 millim. L. 161)

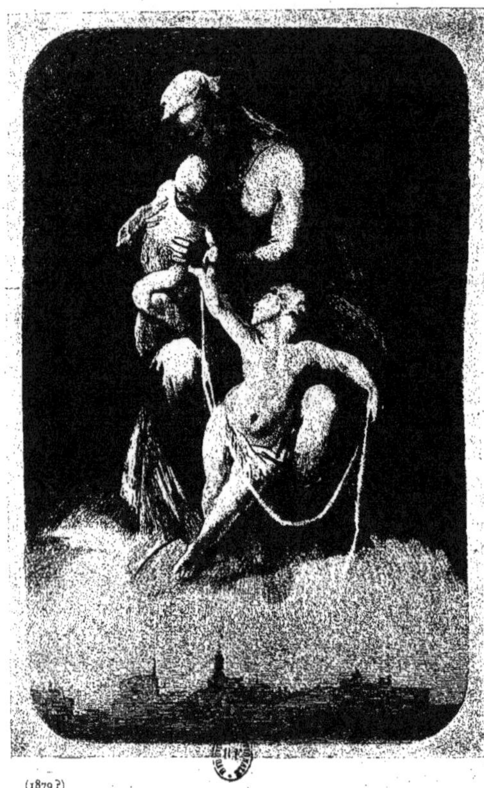

(1879 ?)

Cette eau-forte donnée par M. Paul Jamot, comme œuvre originale de Carpeaux est de M. Léopold Flameng. Ce renseignement qui nous a été fourni par M. Edouard Fromentin, très informé sur l'œuvre de Carpeaux sur lequel il prépare un travail d'ensemble, nous a d'ailleurs été confirmé par M. Flameng lui-même.

---

« Ce dessin, acquis à la vente Foucart, en octobre 1898, a été gravé. La Ville a acheté la plaque « avec faculté de reproduction. » (J. Pillion, catalogue du Musée Carpeaux, à Valenciennes, 1909).

---

« La souscription sous sa première forme (pour le monument de Watteau, par Carpeaux) parait « avoir épuisé tout son effet. Dernièrement devait avoir lieu le tirage d'une loterie. Enfin on a eu l'idée de « faire exécuter par M. Léopold Flameng la gravure d'un admirable dessin de Carpeaux appartenant à « M. J. B. Foucart et représentant *Notre-Dame-du-Saint-Cordon*. Cette gravure fera l'objet d'une « nouvelle souscription à des prix fixés en raison des différents états, épreuves avant la lettre, sur Japon, « sur Chine, sur parchemin, épreuves ordinaires et après la lettre (1). Elle ne sera pas mise dans le « commerce. » (*Le Statuaire J. B. Carpeaux*, par Ern. Chesneau, Paris, 1880).

---

« Notre-Dame-du-Saint-Cordon. En 1008, la Vierge délivra Valenciennes de la peste qui la « ravageait, en jetant autour de la cité un immense cordon qui arrêta le fléau. Cet événement est encore « célébré, le 8 septembre de chaque année, par une procession et un pèlerinage. L'eau-forte de Carpeaux « est inspirée par la légende locale qui a donné son nom à l'église principale de la ville, Notre-Dame-du-« Saint-Cordon. Cette dernière planche ne figure pas dans l'ancien catalogue du Musée, ayant été achetée « en 1898 à la vente après décès de l'avocat Foucart, ami et premier protecteur de Carpeaux. » (P. Jamot, *Carpeaux, Peintre et Graveur*).

*Le cuivre existe (au Musée de Valenciennes)*

(1) Cette pièce n'ayant jamais porté de titre, il n'en existe donc par conséquent pas d'épreuves avec la lettre.

## 2. — PLANCHE AUX TROIS CROQUIS

(L. cuivre 240 millim. H. 159)

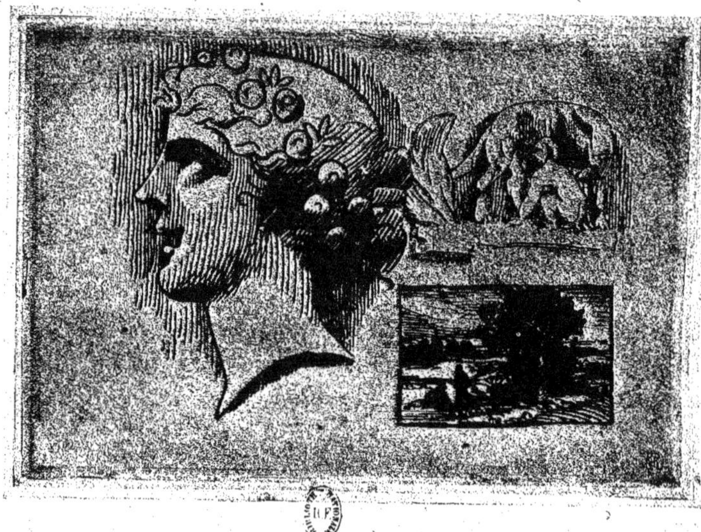



Cette *planche de croquis* citée par M. Paul Jamot, dans son étude sur *Carpeaux, Peintre et Graveur*, et classée par M. Alfred Beurdeley, dans l'œuvre gravé de ce maître, n'est certainement pas de Carpeaux; elle ne rappelle aucune des autres planches sûrement gravées par lui; aussi la classons-nous sans hésitation, parmi les pièces faussement attribuées. Ajoutons qu'il n'existe pas d'épreuve de la *planche aux trois croquis*, ni dans la famille de Carpeaux, ni au Musée de Valenciennes.

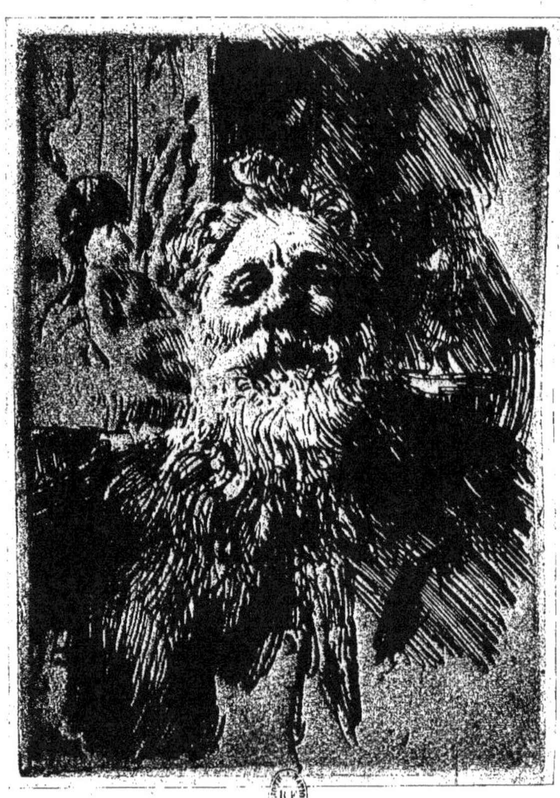



AUGUSTE RODIN
par
ANDERS ZORN

# RODIN

« Le statuaire Auguste Rodin, dont le nom est désormais incontesté et « célébré, n'a pas toujours connu cette rumeur d'hommage et cet empressement « de l'éloge. Outre que ses débuts ont été longtemps retardés par la nécessité « de vivre, par l'obligation de rechercher et d'accepter les travaux quelconques « à façonner au goût du jour, rapportant à peine des appointements de bureau- « crate ou des semaines d'ouvrier, ces débuts mêmes ont été l'objet d'hostilités « singulières. La première apparition d'une œuvre de l'artiste au Salon a sou- « levé, quelques-uns s'en souviennent, une accusation de moulage sur nature, « qui restera certainement dans l'histoire de l'art de ce temps comme une anec- « dote invraisemblable et baroque. »

C'est en ces termes que M. Gustave Geffroy débute, en 1889 (1), dans une des premières études substantielles écrites sur Auguste Rodin. Faut-il s'émouvoir encore aujourd'hui des attaques dont Rodin — élevé récemment à la dignité de commandeur de la Légion d'Honneur — fut jadis l'objet et auxquelles les lignes précédentes font clairement allusion ? Faut-il s'étonner outre mesure de la méconnaissance de son génie par ses immédiats contemporains ? Non, Millet, Corot, Barye — l'un des maîtres de Rodin — n'ont-ils pas subi les mêmes injustices, supporté les mêmes mécomptes ? C'est le propre du génie de provoquer l'étonnement, de jeter le trouble, d'engendrer la jalousie, d'inciter même à la négation, jusqu'à l'heure où enfin reconnu et accepté, il plane alors pour toujours au-dessus des controverses d'écoles et des coteries. Rodin n'aura-t-il même pas bénéficié de faveurs refusées pour la majeure partie à Millet et à Barye : celles, vivant, encore en pleine force, de connaître presque tous les triomphes, de recevoir les hommages du Monde entier, de s'entendre enfin appeler non pas seulement un immense artiste, un sculpteur génial, mais « le Sculpteur, le Sculpteur tel qu'on ne l'avait plus ren- « contré depuis l'antiquité et depuis Michel-Ange. » (2) ?

(1) Les Lettres et les Arts (nᵒ de septembre 1889).
(2) Les Hommes du jour, texte de Fiax (10 octobre 1908).

Auguste Rodin est né à Paris, le 31 août 1840; d'abord élève de Barye dont il suivit seulement d'une manière intermittente les cours au Museum, Rodin devint ensuite le disciple de Albert Ernest Carrier-Belleuse : il fut en réalité plutôt l'employé, le praticien, chez Carrier, que l'élève; chez ce sculpteur au talent aimable où il resta une période de six années (1864-70), Rodin prit une part active aux labeurs de son maître.

De 1871 à 1877, Rodin résida surtout en Belgique et sous la direction du statuaire Belge Van Rasbourg, il travailla aux sculptures qui ornent la Bourse de Bruxelles.

Les travaux quotidiens exécutés par Rodin chez Carrier-Belleuse et chez Van Rasbourg, ne lui permettaient guère, on en conviendra, de réaliser des œuvres personnelles; cependant, au Salon de 1864, l'année même d'ailleurs où il entrait chez Carrier-Belleuse, Rodin exposait l'*Homme au nez cassé*; mais une douzaine d'années devaient se passer ensuite, avant que Rodin n'exposât à nouveau. Ce fut en 1877, où parut l'*Age d'airain* (au Musée du Luxembourg) qui donna lieu à de violentes polémiques. L'exactitude parfaite des proportions de certaines parties de cette superbe figure, qui avait étonné plusieurs de ses confrères, fit accuser Rodin d'avoir moulé sa figure sur nature. C'est l'incident auquel fait allusion M. Gustave Geffroy, dans les lignes transcrites au début de cette monographie. En présence de l'émotion causée par cette grave accusation, une commission officielle fut nommée qui crut devoir conclure finalement à un moulage partiel. Seule, la courageuse intervention de Paul Dubois et de quelques sculpteurs fit tomber les dernières insinuations malveillantes, insoutenables en l'occurence et révoquer l'arrêt; enfin une médaille récompensa l'œuvre incriminée lorsqu'elle fut à nouveau présentée, cette fois coulée en bronze, au Salon de 1880.

L'année suivante, au cours d'un voyage en Angleterre, Rodin, hôte d'Alphonse Legros, fit chez ce maitre, quelques essais de gravure en guise de passe-temps : c'est la partie de son œuvre qui nous touche tout spécialement, puisque c'est à elle que nous consacrons la présente étude; sa première planche : les *Amours conduisant le Monde*, que nous devrions avoir la bonne fortune de publier, est même gravée à l'envers d'un des cuivres sur lequel Legros avait précédemment exécuté une tête de jeune homme. L'essai, comme le constate judicieusement M. Roger Marx, ne garde aucune trace des hésitations constantes chez les débutants; le trait est franc, souple et nerveux, le dessin est gras et ample. C'est dans le même moment encore que Rodin a tracé les *études de figures* (n° 2 de notre catalogue) inscrites sur le cuivre où, cinq ou six ans après, le maître-statuaire devait fixer le merveilleux masque de *Victor Hugo tourné de trois-quarts*. Quant au *Buste de Bellone* gravé presqu'à la suite des deux essais signalés à l'instant, on y sent encore l'influence de Legros, dans la conduite des tailles obliques parallèles; mais il se dégage déjà de cette planche, par la netteté de l'attaque du cuivre et le souci de l'expression et de la couleur, une conception et une technique spéciales à Rodin et que celui-ci portera à leur faîte dans ses portraits d'*Hugo* et de *Proust* notamment.

Le *Printemps* et la *Ronde* sont enfin des pièces ou s'affirme définitivement la personnalité de Rodin ; la première est d'une grande souplesse n'enlevant rien à la puissance, mais ajoutant au contraire au charme de l'œuvre. La *Ronde*, traitée en véritable sculpteur et modelée comme le serait un bas-relief, fait vivement pressentir les effigies admirables qui vont suivre. Ce n'est pas suffisant de constater l'extraordinaire parti que Rodin a su tirer de la pointe sèche ; il faut aussi proclamer cette vérité : il est le seul arrivé jusqu'à ce jour à porter à son complet épanouissement, ce moyen d'expression ordinairement lourd et mou entre des mains moins savantes et moins expertes. James Tissot est le témoignage vivant de la monotonie de la pointe sèche que le bel artiste Marcellin Desboutin n'a pas pu toujours éviter en dépit d'un très réel talent et d'une originalité indiscutable. Il est juste d'ajouter à la décharge de Tissot, de Desboutin surtout, qu'ils ont échoué notamment dans leurs planches de dimension exagérée, ce contre-sens de la gravure, l'art d'intimité par excellence.

Mais revenons à Rodin, à ses portraits : les premiers états des *deux Hugo* et du *Proust*, les seuls offrant le travail du maître dans toute sa saveur, alors qu'ensuite des tirages successifs ont détruit l'*ébarbe*, émoussé les tailles, amolli l'ensemble, sont absolument remarquables par la force d'évocation morale d'abord, puis par la couleur, l'accent, la puissance, la qualité rare du modelé de ces masques en quelque sorte ciselés dans le cuivre, avec la même énergie violente, avec la même observation attentive, — le côté caricatural mis à part — dont faisait preuve Daumier dans ses charges d'un Soult, d'un Guizot ou d'un Persil. Ce sont des chefs-d'œuvre dans toute la force du terme.

« Rodin — a écrit M. Roger Marx (1) — conduit l'acier effilé un peu à la « façon d'un ciseau ou d'une râpe et rudoie le cuivre comme le Carrare ; par lui « le métal est attaqué avec une violence qui s'éteint en caresses, lorsque les « traits menus, rapprochés, entrecroisés, succèdent aux indications brutales de « la mise en place ; dirigés dans le sens du modelé ils en inscrivent chaque « inflexion. Du contraste et du cumul des tailles résultent des gravures qui « laissent transparaître la lutte de l'artiste avec la matière et suivre la divulga- « tion des particularités de la face : images uniques pour l'accent de la vie, « l'étonnante vérité du relief, portraits où le rayon semble glisser, accuser les « surfaces et les plans d'un buste, détailler chaque méplat et jouer en reflets « luisants sur l'épiderme poli du marbre ! »

Des *deux Hugo* de Rodin, celui de face est l'image se réclamant le plus des chaudes et profondes nuances du bronze, dans les premières épreuves tout au moins ; ensuite, la planche reprise et légèrement fatiguée par des tirages

(1) Les Pointes sèches de Rodin, 1902.

répétés, offre alors l'impression du marbre : on peut et on doit leur préférer les épreuves antérieures, mais l'on ne saurait cependant rester indifférent devant les dernières ; en tous cas, il était au moins curieux de faire remarquer dans une planche gravée par un statuaire, l'évocation — voulue ou non — des deux matières qui lui sont le plus familières ; le bronze et le marbre.

La seconde planche consacrée à *Victor Hugo* par l'auteur du *Baiser*, est, comme la première, d'un grand accent, mais elle s'inspire plus toutefois de la nature par l'expression de vie réfléchie qui s'en dégage, tout en conservant l'aspect sculptural et grandiose des autres œuvres du maître; elle incarne, comme l'autre *Hugo* d'ailleurs, le grand penseur auquel Rodin s'était attaché — l'on sait au prix de quelles difficultés — à fixer l'image inoubliable. Victor Hugo ne consentit jamais, en effet, à poser devant Rodin, et c'est au cours des réceptions du poète que Rodin s'ingénia à saisir le caractère physique et moral du chantre de la *Légende des Siècles*, en de nombreux croquis à la plume et au crayon, dont plusieurs ont été reproduits, notamment dans *Auguste Rodin, statuaire*, par M. Léon Maillard, puis dans une brochure déjà citée (1).

Le portrait d'*Antonin Proust* qui se silhouette avec la pureté d'une médaille de la Renaissance, est encore une superbe pointe sèche ou chaque état marque la vive compréhension de l'auteur pour tout ce qui touche au modelé et au caractère d'un visage : quelle savante écriture des plans, quelle force d'expression dans les contours, quelle belle couleur partout répandue en cette petite image dont le 3e état est le plus heureux échelon vers la perfection, à notre avis.

Sans nous arrêter à toutes les pièces dues à la robuste pointe d'Auguste Rodin, puisqu'on les trouvera reproduites et cataloguées plus loin, nous aurions cependant mauvaise grâce à passer ici sous silence, une des rares lithographies qu'il ait exécutées jusqu'à ce jour et qui, non publiée, est même pour ainsi dire restée inconnue à la plupart de ses fervents admirateurs. M. Roger Marx, si averti, ne l'a pas connue. C'est une réminiscence de l'*Eternelle Idole*, impressionnante dans son mystérieux clair-obscur aux valeurs délicatement nuancées : dans cette lithographie, très postérieure aux autres estampes de Rodin, celui-ci alors dans la plénitude de son talent, a fixé une fois de plus en elle son thème favori, l'éternité de l'Amour, y a mis le meilleur de lui-même. La forme est vivante, expressive, et le caractère voluptueux de l'œuvre a toute l'émotion et la saveur, la tendresse et la sensibilité, la morbidesse et l'essentiel de ses derniers dessins dont elle semble être un éloquent résumé. Une lithographie n'est-elle d'ailleurs pas, ainsi que l'a stipulé finement Ph. Burty, un dessin à plusieurs exemplaires?

Enfin, Rodin a exécuté lui-même sur la pierre, plusieurs des lithographies

(1) Les Pointes sèches de Rodin, par Roger Marx, 1902.

qui ornent le *Jardin des Supplices*, d'Octave Mirbeau, publié par M. Vollard; nous en donnons plus loin, de chacune d'elles, une réduction, conformément à notre programme. Les autres planches de cette belle publication, également de l'invention de Rodin, sont des reports de ses dessins exécutés lithographiquement sous sa direction immédiate, par M. A. Clot, dont les amateurs connaissent l'habileté consommée pour tout ce qui touche à l'impression lithographique et à ce qui en dérive. Nous n'avions donc pas à les comprendre dans notre catalogue.

Nous avons suivi autant qu'il était possible de le faire pour notre catalogue, le numérotage adopté par M. Roger Marx dans son *essai* de catalogue établi en 1902. Si incomplet que soit, dans la nomenclature des états, le travail de notre prédécesseur, il a eu son heure d'incontestable utilité; il ne faut d'ailleurs pas oublier que ce fut le premier classement tenté de l'œuvre gravé de Rodin; qu'il fut publié à une date où il paraissait téméraire d'attacher une importance capitale à des pointes-sèches prisées seulement par quelques amateurs délicats; l'on regardait alors ces pièces comme des *croquetons* et l'on n'aurait jamais, en tous cas, osé prétendre, à la fin du siècle dernier, que ces quelques petites estampes, grandes comme la main, compteraient parmi les plus belles œuvres gravées pendant tout le cours d'un siècle.

# ŒUVRE
# GRAVÉ ET LITHOGRAPHIÉ
DE
# AUGUSTE RODIN

---

## POINTES SÈCHES
(Nos 1 à 11)

---

## LITHOGRAPHIES
(Nos 12 à 17)

## 1. — LES AMOURS CONDUISANT LE MONDE

(L. 250 millim. H 200)

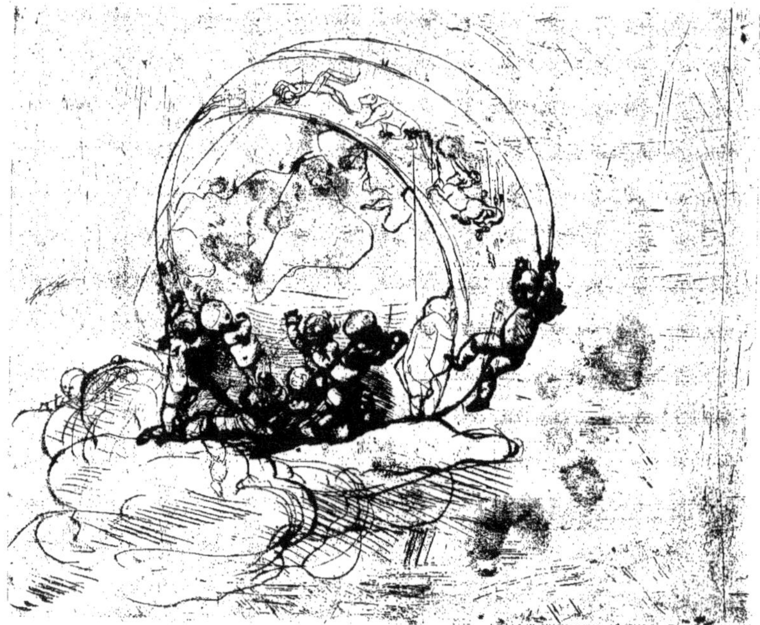

(1881) — 2e *état*. (Cat. Roger Marx, nº 1 — 2 états décrits).

1er État. Avec l'adresse des planeurs Hughes et Kimber, London, sur le haut de la sphère, à droite. Très rare. Victoria et Albert Museum (collection Jonidès), MM. Gottf Eissler, Roger Marx.

2e — La marque du planeur est effacée. **L'état reproduit.** Victoria et Albert Museum (collection Jonidès), Mme la Csse de Bearn, MM. A. Beurdeley, Max Biach, Kunsthalle de Brême, Campbell Dodgson, Ch. Jacquin, etc.

---

**VENTES** : Anonyme, 6 fév. 1904, 15 fr.; Anonyme, 7 juin 1905, 12 fr.; J. Gerbeau (1908), sur chine, signée, 20 fr.

---

Cette planche reproduite dans le *Studio* (nº de mars 1903), en accompagnement d'un article de W. Shaw Sparrow, avec le titre « La Sphère », a été gravée chez Alphonse Legros, à Londres, en 1881 au dos d'un cuivre gravé par Legros : Tête de jeune Homme. C'est le premier essai de gravure de Rodin.

*Le cuivre existe* (il appartient à l'artiste).

## 2. — ÉTUDES DE FIGURES

(H. 222 millim. L. 176)

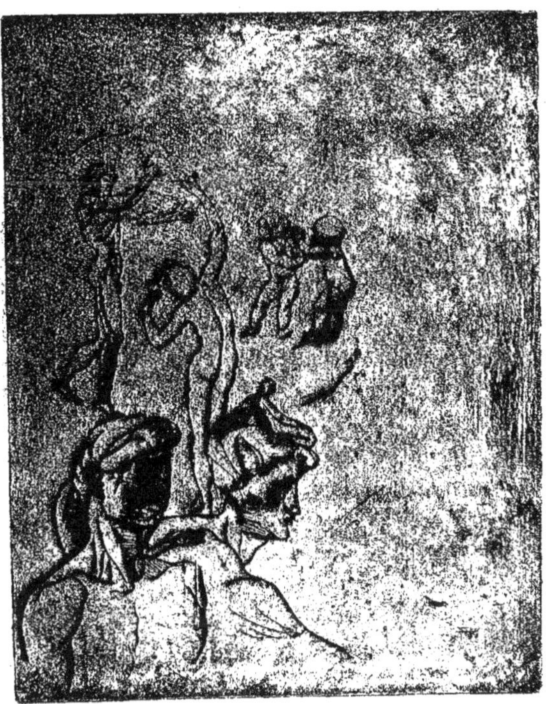

(1881). (Cat. Roger Marx, n° 2).

Victoria et Albert Museum (collection Jonidès), M. Roger Marx.

---

« Les Etudes de figures ont été tracées sur le revers du cuivre où fut gravé plus tard, le *Victor-Hugo* « *de trois quarts.* La planche a été biffée au moment du tirage du *Victor-Hugo.* » (Roger Marx, *Essai de catalogue de l'œuvre gravé de Rodin*).

---

Il n'a été tiré que fort peu d'épreuves de cet essai.

---

Une épreuve du cuivre *biffé* et réduit à 150 millim. de L. sur 220 de H., dans les collections de MM. J. Doucet, Roger Marx.

*Cuivre biffé.*

## 3. — BUSTE DE BELLONE

(H. 148 millim. L. 100)

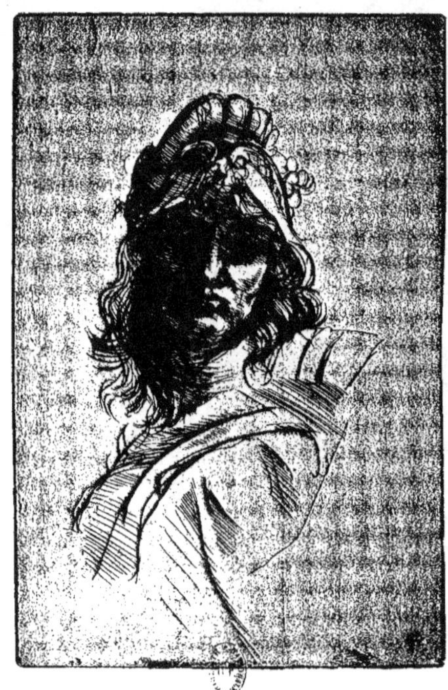

(1883) — 2e *état*. (Cat. Roger Marx, n° 3 — 1 seul état décrit).

1er Etat. Avant que la chevelure n'ait été augmentée à gauche, par des mèches volantes ; également avant divers travaux sur la tête et le cou de Bellone. Les bords du cuivre raboteux. Fort rare.

2e — Avec les mèches volantes et divers travaux sur la tête et le cou ; les bords du cuivre sont encore raboteux. Rare. Collections de Mme la C[sse] de Bearn, MM. J. Doucet, Roger Marx. **Etat reproduit.**

3e — Avec quelques nouveaux travaux dans le bas de la chevelure à gauche ; les bords du cuivre qui étaient raboteux ont été nettoyés et la planche a été *biseautée*. **Etat reproduit.** Collections de MM. A. Beurdeley, Max Biach, Campbell Dodgson, etc.

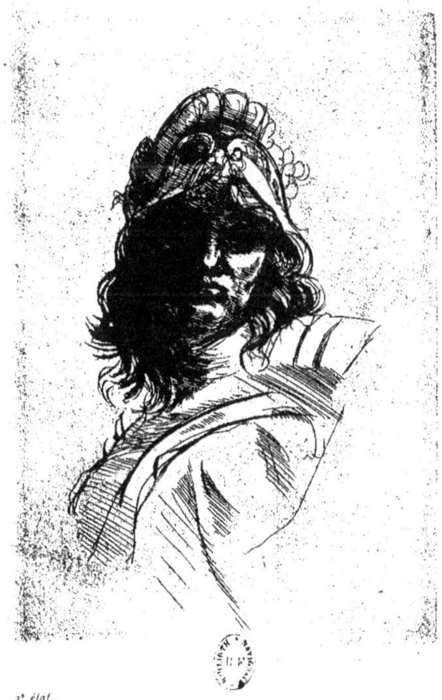

3ᵉ état.

**VENTES** : Anonyme, février 1904, 3ᵉ état, 24 fr. ; A. Ragault (1907), 3ᵉ état, 17 fr. ; Anonyme, 4 juin 1910, 3ᵉ état, 60 fr.

---

Cette planche est inspirée d'un superbe bronze exécuté par Aug. Rodin, d'après Mme Rodin, en 1883.

---

Une épreuve de la planche du **Buste de Bellone** a figuré au *Salon de la Société Nationale*, de 1901.

*Le cuivre existe* (il appartient à l'artiste).

## 4. — LE PRINTEMPS

(H. 148 millim. L. 100)

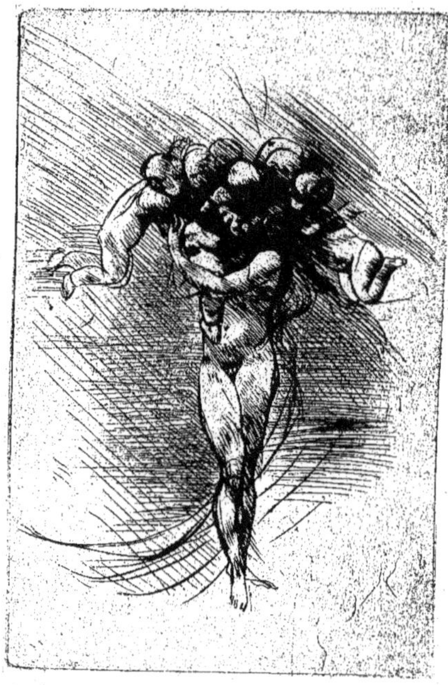

(1883) (Cat. Roger Marx, n° 4).

Victoria et Albert Museum (collection Jonidès), Kunsthalle de Brême, MM. A. Beurdeley, F. Bracquemond, Campbell Dogson, J. Doucet, G. Eissler, Ch. Jacquin, Roger Marx, (épreuves en bistre et en sanguine), Ch. Waltner (épr. en sanguine), etc.

---

**Le Printemps** a paru dans la *Gazette des Beaux-Arts* (n° de mars 1902). Le *papillon* ou avis suivant, accompagnait la livraison : « M. Auguste Rodin a bien voulu signer cinquante Epreuves tirées sur « parchemin de sa pointe sèche « Printemps », publiée dans cette livraison. En outre, la *Gazette des* « *Beaux-Arts* a fait tirer à l'intention des amateurs : 50 épreuves sur papier Japon in-4°. — 50 épreuves sur « Chine volant. Ces épreuves sont en vente à la *Gazette des Beaux-Arts*, 8, rue Favart, aux prix « suivants : Epreuves sur parchemin, signées, 100 fr. Epreuves sur Chine ou sur Japon, 50 fr. »

Le **Printemps** en outre de la *Gazette des Beaux-Arts*, a été publié dans « Les Pointes sèches de Rodin » de M. Roger Marx (plaquette tirée à 100 exemplaires numérotés).

---

« Parmi les estampes de l'œuvre, celle-ci est, sans conteste, la plus parée de séduction et de grâce ; « le mystère du clair-obscur en exalte à souhait le charme idyllique ; il y flotte un vague souvenir de « Prud'hon. C'est merveille d'observer comment la pointe s'est jouée dans la transparence des noirs, « veloutés et profonds, comment chaque intention s'accuse et demeure saisissable à travers les demi- « ténèbres. Déjà, la figure de l'Amour qui chuchote à l'oreille de la jeune femme enivrée par les effluves « printaniers, évoque l'aspect d'un bronze, en raison de l'établissement des plans, robuste, solide, à cause « aussi de l'éclairage des saillies potelées qui émergent de l'ombre et s'enlèvent en taches claires, modelées « par la caresse du jour. Opposé à la *Bellone*, le *Printemps* ne donne pas seulement conscience de la « tendresse d'âme de Rodin et de sa sensibilité ; il montre l'étape franchie vers la couleur, la lumière, « puis détermine l'évolution de l'artiste qui progressivement prend confiance et s'affranchit. » (**Roger Marx**, « les *Pointes sèches de Rodin*, 1902).

---

**VENTES** : Anonyme, 8 nov. 1905, 13 fr. ; Anonyme, 12 juin 1909, 17 fr.

---

Il existe une variante à la plume, du **Printemps**, variante reproduite dans « Les Pointes sèches de Rodin », par Roger Marx.

---

Le **Printemps** reproduit dans le « Studio » (n° de mars 1903), sous le titre : « Allegory of Spring », a été exposé au *Salon de la Société Nationale* de 1901, puis au Musée du Luxembourg — Exposition temporaire Février-Mars 1905.

---

Il existe du Printemps, une *plaquette* appartenant à M. Maurice Haquette et reproduite dans Auguste Rodin, Céramiste, par **Roger Marx**, Paris 1907.

*Le cuivre existe* (il appartient à l'artiste).

## 5. — LA RONDE

(L. 178 millim. H. 230)

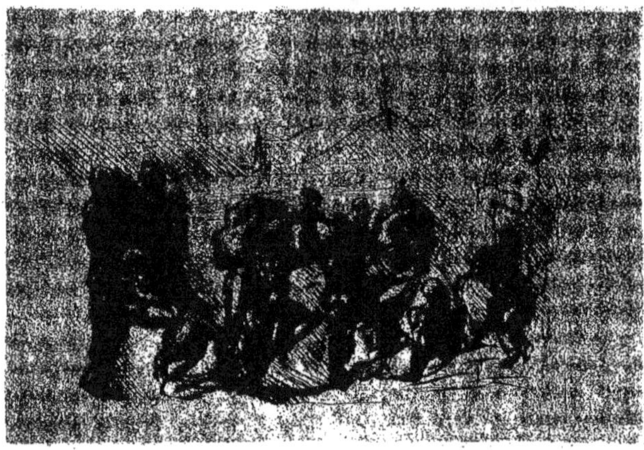

(1883) (Cat. Roger Marx, n° 5 — 1 seul état décrit).

1er État. Avant des rayures sur le cuivre : en Haut, vers le milieu, dans le Bas, puis sur le bord latéral droit. Les angles du cuivre sont aigus. Très rare. Collection de M. Roger Marx.

2e — Avec des rayures sur le cuivre, dans les emplacements non gravés. Les angles du cuivre encore aigus. Rare. Collection de Mme la Csse de Béarn, M. Roger Marx.

3e — Les angles du cuivre sont *arrondis*.

---

Des épreuves de la **Ronde** à la Kunsthalle de Brême et dans les collections de MM. Max Biach, A. Beurdeley, Campbell Dodgson, J. Doucet, G. Eissler, Ch. Jacquin, etc.

---

Il a était fait une reproduction de la **Ronde**, par l'*héliogravure*, publiée dans l'*Art et les Artistes*, 1re année, n° 3, juin 1905; cette reproduction qui porte dans l'angle inférieur droit deux A en monogramme, mesure 225 millim. de H. sur 177 de L. Les biseaux de la planche qui ne sont que de 2 millim. 1/2 de L., dans l'original, sont de 4 millim., dans la reproduction que nous citons.

---

**VENTE** : Anonyme, 7 juin 1905, 28 fr.

---

La **Ronde** a été reproduite dans « Les Pointes Sèches de Rodin », par Roger Marx, et dans le n° de mars 1903 du *Studio*; dans le *Studio* elle figure sous le titre : « Fantaisie ».

---

En parlant de la **Ronde** M. Roger Marx l'analyse ainsi dans sa brochure sur « Les Pointes Sèches de Rodin » : « L'émancipation sera complète lors de la transcription sur cuivre d'un autre dessin : dans « un paysage, une ronde foule le sol et se démène en cadence, sous les yeux de spectateurs immobiles, « assis ou bien debout et pareils à de vivantes cariatides. Rodin apparaît débarrassé de toute virtuosité; il « n'a plus que faire des joliesses de métier, des tailles régulières; librement il définit par le contour; la « pointe d'acier est devenue désormais l'instrument docile, passif, de son dessin primesautier et de sa « vaste inspiration. »

---

La **Ronde** a figuré au *Salon de la Société Nationale* de 1901, en même temps que la **Bellone** et le **Printemps**, puis au Musée du Luxembourg, Exposition temporaire. Février-Mars 1905.

*Le cuivre existe.*

## 6. — VICTOR HUGO, DE TROIS QUARTS

(H. 222 millim. L. 176)

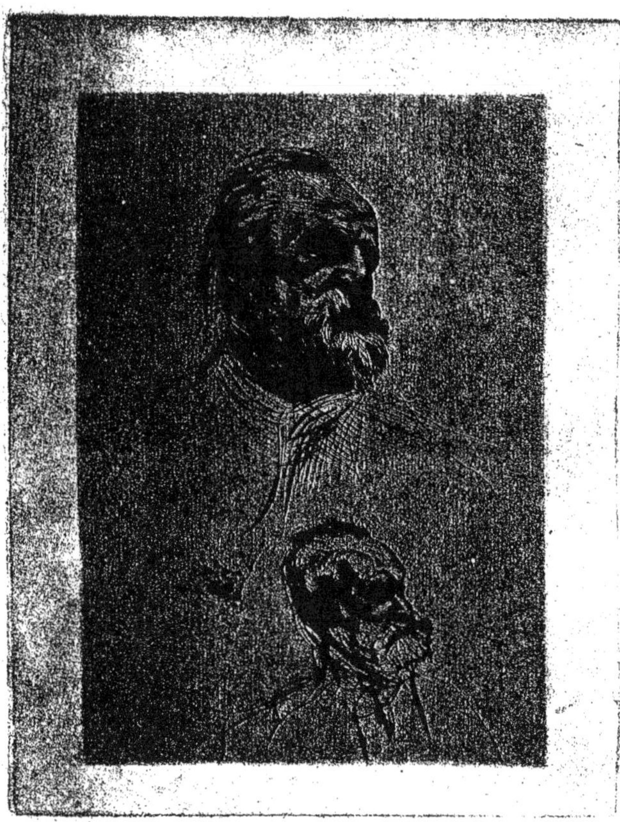

(1884) — *1er état.* (Cat. Roger Marx, n° 6 — 3 états décrits)

1er État. Avant un certain nombre de travaux, avant quelques tailles obliques sur le collet, à gauche, au-dessus des initiales A. R.; également avant des travaux dans la barbe du croquis du bas. Une épreuve connue. Collection de Mme la Comtesse de Béarn. **État reproduit.**

2e — Avec les quatre tailles obliques sur le collet, au-dessus des initiales A. R., mais avant un grand nombre de travaux sur l'habit du personnage; avec de nouvelles tailles à la pointe-sèche dans la barbe du croquis du bas. Très rare. **État reproduit.** British Museum, MM. Alf. Beurdeley (épr. de Pochet), Max Biach, Loys Delteil, Gottf. Eissler, Marcel Guérin, Bon Vitta.

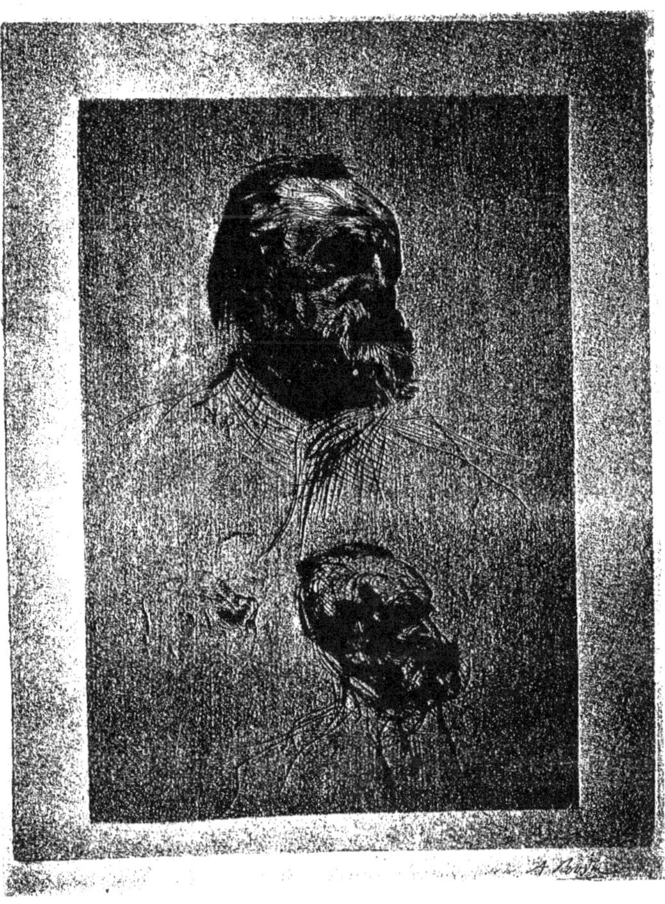

2e état.

3e État. Avec de nombreux travaux sur l'habit du personnage; les lettres A. R., ne sont alors plus visibles; mais on lit sous le vêtement, à droite et à rebours : **A. Rodin.** Rare. Collections de MM. Frantz Jourdain, G. Haviland (épreuve de G. Hédiard), Roger Marx, Moreau-Nélaton.

4e — Sans additions de travaux, mais le cuivre diminué, ne mesure plus que 151 millim. de L. au lieu de 176. Tirage de luxe de L'ARTISTE (sur chine fixé).

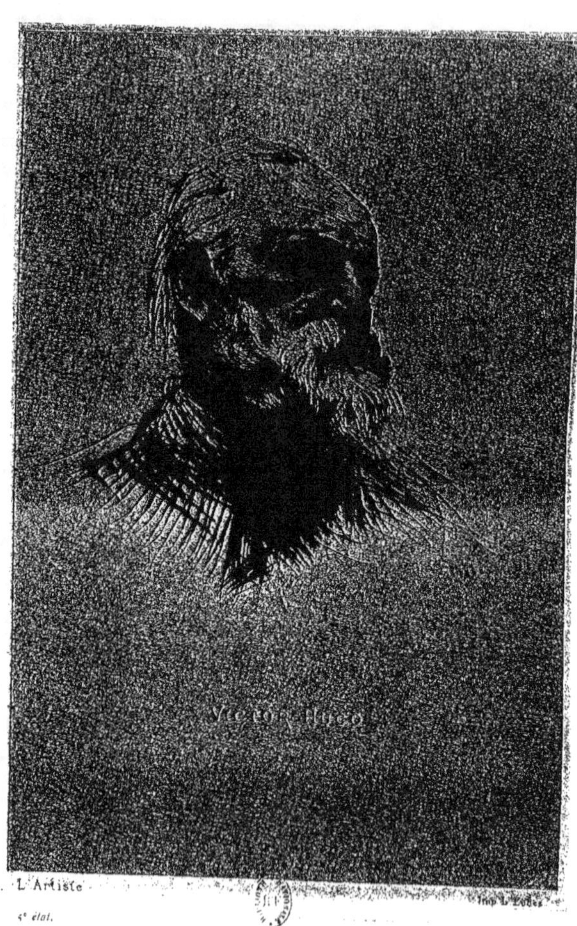


*5e état.*

5e État. Les croquis sont effacés ; le masque principal est alors entouré d'un trait carré, au-dessus duquel on lit : VICTOR HUGO, puis au-dessous à G. : **L'Artiste**, et à D. : *Imp. L. Eudes*. **État reproduit.** État publié dans **l'Artiste** (nº de février 1885).

6e — Le titre : **L'Artiste** et le nom de l'imprimeur enlevés. Le nom du poète subsiste. État publié dans la revue illustrée « **Les Lettres et les Arts** » (nº de septembre 1889), puis dans la brochure de Gustave Geffroy, « **Le Statuaire Rodin** », étude extraite de cette revue. En cet état, quelques épreuves proviennent de la planche oxydée et rayée. État reproduit dans « Les Pointes-sèches de Rodin », par Roger Marx.

7° État. Toute la lettre est effacée et la planche est nettoyée.

8° — Le trait carré est effacé et un *petit Amour* s'avançant vers le spectateur, la tête levée, est gravé au bas à gauche, en guise de *remarque*. Cette petite *remarque* exécutée en 1900, est cataloguée à part, par M. Roger Marx qui la mentionne sous le n° 11 de son *essai de catalogue* de l'œuvre gravé de Rodin. Il a été tiré quelques épreuves de la *remarque* seule.

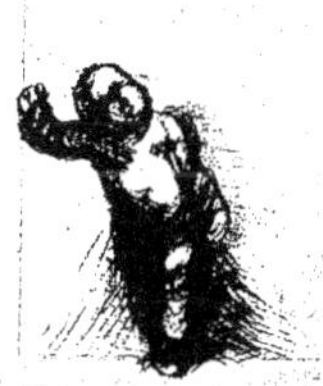

---

**VENTES** : Champfleury (1891), avec le n° 7 de not. cat., épreuve *avec dédicace*, 202 fr.; Goncourt (1897), 240 fr.; G. Pochet (1904), 2° état, 430 fr.; G. Hédiard (1904), 3° état, 530 fr.; Anonyme (février 1904), 5° état, 20 fr.; Anonyme (10 juin 1906), 8° état, 12 fr.; Anonyme 29 novembre 1907, 5° état, 15 fr.; P. Leroi (1907), 5° état, avec dédicace, 109 fr.; Anonyme, 29 janvier 1908, 2° état, 900 fr.; Anonyme, 4 novembre 1908, 4° état, 190 fr.; Anonyme, 5 avril 1910, 4° état, 260 fr.; Anonyme, 4 novembre 1910, 2° état, 1400 fr.; 3° état. 150 fr.; 5° état, 36 fr.

---

Le *Victor Hugo de trois-quarts*, reproduit en 2° état, dans le Studio (n° de mars 1903), a été exposé aux Peintres-Graveurs en 1889 et en 1908, puis au Musée du Luxembourg (Exposition temporaire. Février-Mars 1905).

---

« Nos contemporains préparent une besogne singulièrement complexe à ceux qui, dans l'avenir, « tenteront l'iconographie de Victor Hugo. Les portraits du poète qui ont été faits en ces dernières « années sont innombrables; la plupart sont bien au-dessous de l'objectif photographique. Il n'est qu'un « artiste qui ait su comprendre et interpréter l'expression hiératique du vieillard dont la pensée domine « le siècle; cet artiste est le sculpteur Rodin. Dans le buste qu'il a exposé au Salon de 1884, seul, il a « représenté dans le vieillard l'homme qui pense, le poète qui a la vision de l'au-delà. C'est au temps où « il exécutait ce buste de Victor Hugo que M. Rodin a fait la curieuse et très précieuse étude à la pointe « sèche que *l'Artiste* a l'heur d'offrir à ses lecteurs au moment où l'on va fêter l'anniversaire du poète ». (**L'Artiste**, n° de février 1885).

*Le cuivre existe* (mais complètement usé).

## 7. — VICTOR HUGO, DE FACE

(H. 222 millim. L. 175)

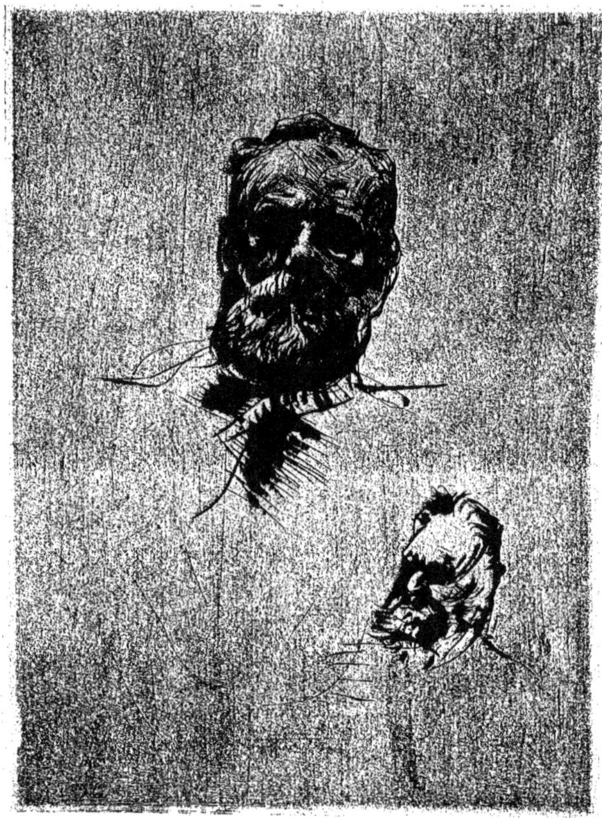

1886) — 1er état. (Cat. Roger Max, n° 7 — 3 états décrits).

État. Avant de nombreux travaux, et avant que la base du crâne de la tête du Victor Hugo en croquis, n'ait été gravée. Probablement unique. **Etat reproduit**. Collection de M. Albert Pontremoli. Etat reproduit très réduit dans : AUGUSTE RODIN, Statuaire, par **Léon Maillard**.

— Le croquis de Victor Hugo modelé par de nouveaux travaux, notamment derrière la tête. Sans autre différence matérielle. Très rare. **Etat reproduit**. British Museum, Collections de Mme la Csse de Béarn, MM. Alf. Beurdeley (épr. de Pochet), Max Biach, Gottfried Eissler, Loys Delteil, Marcel Guérin, Bon Vitta.

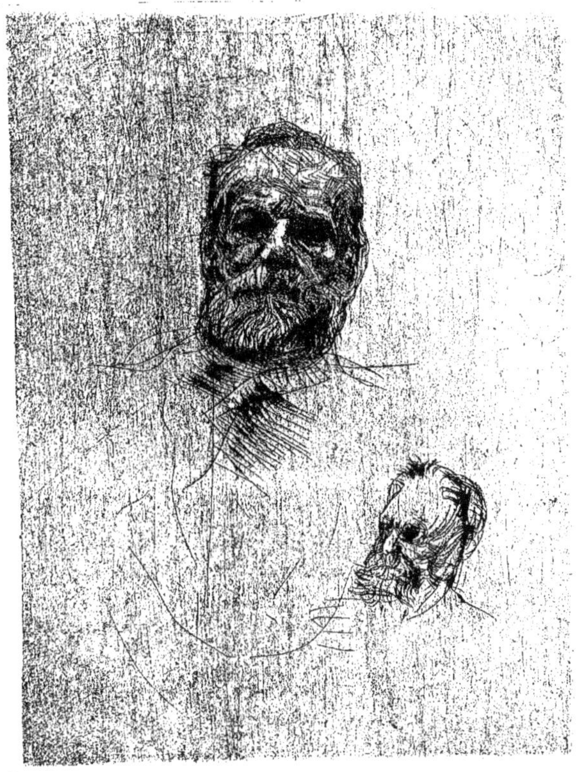

*2ᵉ état.*

3ᵉ État. Avec de nouveaux travaux sur le masque principal, et avec les initiales A. R., sous le vêtement à gauche. Peu commun. **État reproduit.** Collection de MM. F. Bracquemond, J. Doucet, R. Marx, E. Moreau-Nélaton. Dans la collection de M. Roger Marx, une maculature d'épreuve pour la coupure du cuivre, porte en marge : *bon à tirer 30 épr. 1/4 col. en deux tons suivant modèle avant de couper le cuivre, puis 60 1/8 col. cuivre coupé Hollande jaune.*

4ᵉ — Sans différence dans les travaux ; mais le cuivre diminué, ne mesure plus que 159 millim. de L., au lieu de 175. État publié dans l'édition de luxe de la **Gazette des Beaux-Arts** (mars 1889).

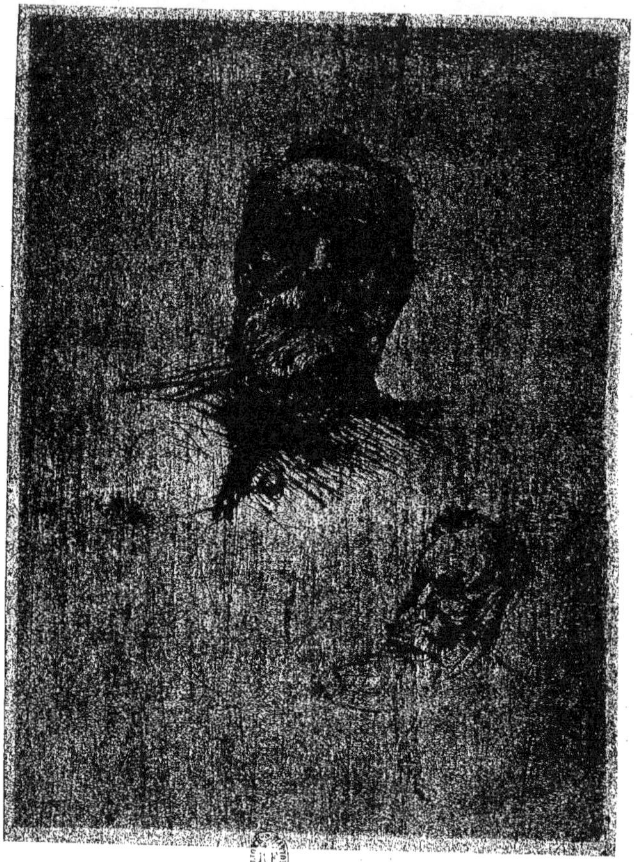

*3e état.*



5e État. Avec la lettre. On lit au M. : VICTOR HUGO. *Etude à la pointe sèche par M. A. Rodin. — Gazette des Beaux-Arts. — Imp. A. Clément, Paris.* Etat publié dans la *Gazette des Beaux-Arts* (mars 1889). M. G. Bourcard, dans : **A Travers Cinq Siècles de Gravures**, indique à tort que l'état publié dans la *Gazette*, est *sans* le *croqueton* ; celui-ci n'a jamais été effacé.

6° État. La lettre est effacée ; un petit *amour* se dirigeant à gauche et dont nous donnons ci-contre une reproduction, est gravé dans le bas à gauche, en guise de remarque. Cette petite *remarque* exécutée en 1900, est cataloguée à part, par M. Roger Marx qui l'a mentionnée sous le n° 12 de son *essai de catalogue* de l'œuvre gravé de Rodin. Il a été tiré quelques épreuves de la *remarque* seule.

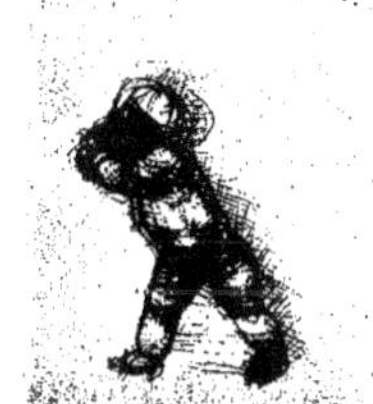

7° — Avec une nouvelle lettre. On lit alors : *Rodin sc.* — VICTOR HUGO. Etat tiré sur un galvano et publié dans « Les Pointes sèches de Rodin », par Roger Marx, 1902 (tiré à 100 exemplaires).

---

Le *Victor Hugo de face*, est porté sur le *catalogue des Estampes et Livres édités par la Gazette des Beaux-Arts*, (année 1904) au prix de 10 francs (épreuves avec la lettre).

---

**VENTES** : Champfleury (1891), avec le n° 7 de notre cat., épreuve *avec dédicace*, 202 fr., G. Pochet (1902), 2ᵉ état, 275 fr. ; Anonyme, mars 1905, 3ᵉ état, 400 fr. et 195 fr. ; 4ᵉ état, 105 fr. ; Anonyme, mai 1905 (Cᵗᵉ Mathéus), 3ᵉ état, 240 fr. ; P. Leroi (1907), 3ᵉ état, 440 fr. ; Anonyme, 29 janvier 1908, 2ᵉ état, 850 fr. ; Anonyme, 29 mai 1908, 2ᵉ état, avec le 2ᵉ état du n° 6, 1.501 fr. ; Anonyme, 1ᵉʳ février 1910, 3ᵉ état, 250 fr. ; Anonyme, 4 novembre 1910, 2ᵉ état, 1.200 fr. ; 3ᵉ état, 400 fr.

---

Le **Victor Hugo, de face**, a été reproduit en 2ᵉ et 3ᵉ états, dans le n° de mars 1903 du « Studio », et en 2ᵉ état, dans l'exposition de Hauts-reliefs pour une *Décoration d'Architecture et pointes sèches par Rodin*, au Musée du Luxembourg (Février-Mars 1905).

---

Il existe quelques épreuves truquées du **Victor Hugo de face**, dans lesquelles les initiales A. R., n'ont pas été encrées, non plus que la lettre du bas ; ces épreuves sont à rejeter, d'autant plus qu'elles sont tirées sur le cuivre déja usé.

---

Nous sommes particulièrement heureux de pouvoir montrer aux lecteurs de la *Gazette*, une des « œuvres maîtresses de cette petite exposition (1). Ce n'est rien sans doute pour l'artiste qui l'a exécuté « — un des plus grands — des plus originaux de notre époque ; on le saura demain quand seront « publiquement exposés les importants travaux de sculpture auxquels il donne la dernière main, — ce « n'est rien, et pourtant l'on est frappé de l'extraordinaire intensité de vie physique et de vie morale, de « pensée, qui éclate dans ce masque de *Victor Hugo* tracé sur le cuivre nu en quelques traits de pointe. « M. Rodin ne nous pardonnerait pas de lui prodiguer les louanges à propos d'une œuvre qu'il a créée en « se jouant ; nous dirons cependant que dans ce croquis nous sentons la griffe d'un maître. Quant au « portrait nous n'en connaissons pas qui rende plus fidèlement, plus complètement le modèle. Victor Hugo « est là tout entier, l'homme et le poète. A côté de cette étude M. Rodin en exposait une seconde où les « traits du poète sont retracés de trois-quarts, œuvre également précieuse qui complète la première et « précise l'image. L'une et l'autre seront vivement recherchées des amateurs et des bibliophiles.... quand « il sera trop tard pour les avoir ». (*Gazette des Beaux-Arts*, mars 1889).

*Le cuivre existe* (mais complètement usé).

(1) Exposition des Peintres Graveurs Français.

Le *Victor Hugo, de face*, a été non seulement reproduit par la simili-gravure, mais également par un procédé quasi-trompeur : l'héliogravure. Il existe pour le moins, deux de ces reproductions, et en dépit des difficultés qui se présentent, nous allons en tenter quand même une analyse. Ne suffit-il d'ailleurs pas d'attirer l'attention des amateurs sur ces reproductions, pour les mettre en garde contre elles? La confusion s'augmente, ajouterons-nous, pour la première des deux reproductions que nous allons signaler, de la *signature manuscrite* consentie par Auguste Rodin, mal conseillé en la circonstance, au bas de quelques épreuves.

La première de ces reproductions mesure à l'empreinte du cuivre 223 millim. de H. sur 158 de L.; les dimensions approchent singulièrement comme on le voit, de celles du cuivre original. Mais l'aspect de cette reproduction est alors tout autre : le trait, maigre et interrompu — comme le ferait une plume qui aurait inégalement attaqué le papier — est sans aucun relief, ni puissance : tout parait plat, incolore et sans liaison : c'est absolument le contraire dans la planche originale, même dans les épreuves postérieures. Un œil un tant soit peu exercé en sentira l'entière différence qui ne saurait s'analyser avec plus de précision, ni dans d'autres termes.

Signalons encore un trait échappé qui figure dans cette héliogravure et se trouve à une distance de 46 millim., du bord latéral droit et à 11 millim. du bas du cuivre. Enfin comme d'usage, cette reproduction ne porte naturellement pas de lettre, en dehors des initiales A. R. Les exemplaires que nous en avons rencontré sont généralement tirés sur un papier grisâtre imitant le papier de la Chine, quelquefois sur papier du Japon.

La seconde reproduction à laquelle nous faisons allusion, mesurant 225 millim. de H. sur 160 de L., se peut reconnaître à une vingtaine de points noirs qu'on voit dans le coin de droite et n'existant pas sur le cuivre original. Vers le bas de cette reproduction, qui ne porte aucune légende, figure une grande rayure transversale et presque horizontale, à l'endroit où logiquement devrait figurer la lettre, étant donné l'époque où ont été tirées les dites épreuves; celles en effet, auxquelles nous faisons allusion portent en filigrane dans le papier le nom de l'imprimeur, précédé de sa lettre prénominale : A. PORCABEUF. Or, la lettre ayant été gravée comme on le sait, sur le cuivre original, dès l'année 1889, pour sa publication dans la *Gazette des Beaux-Arts*, et M. Alfred Porcabeuf n'ayant commencé à user d'un papier *filigrané* à son nom qu'à dater du mois de juillet 1901, il appert de ce fait matériel indiscutable que les épreuves sans aucunes lettres tirées sur le papier que nous venons de désigner, appartiennent bien à une reproduction postérieure d'une douzaine d'années au tirage avec la lettre du cuivre de Rodin.

Il a été tiré, cela va sans dire, un assez grand nombre d'épreuves de ces deux falsifications; on les rencontre donc facilement.

## 8. — L'AMPHORE

(H. 222 millim. L. 175)

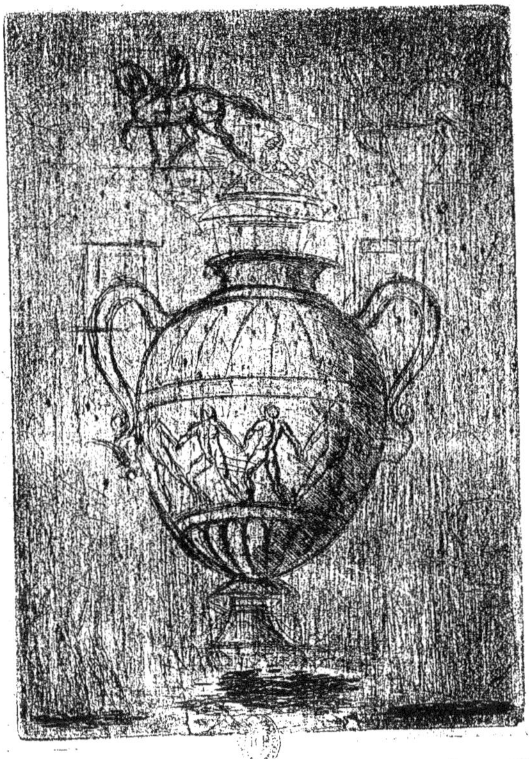

(18..)

(Cat. Roger Marx, n° 7 bis)

Ces croquis ont été gravés au revers du cuivre sur lequel a été exécuté le portrait de **Victor Hugo, de face**; il en a été tiré fort peu d'épreuves. Collection de MM. Campbell Dodgson, J. Doucet, Roger Marx.

---

On y voit « des croquis de chevaux, un schéma du monument équestre du président Lynch, et « au-dessous, occupant la partie principale, un grand vase dont la frise déroule une ronde de personnages, « fortement musclés, à la Daumier. » (Roger Marx, *les Pointes sèches de Rodin*).

*Cuivre biffé.*

## 9. — HENRI BECQUE

(L. cuivre 204 millim. H. 159)

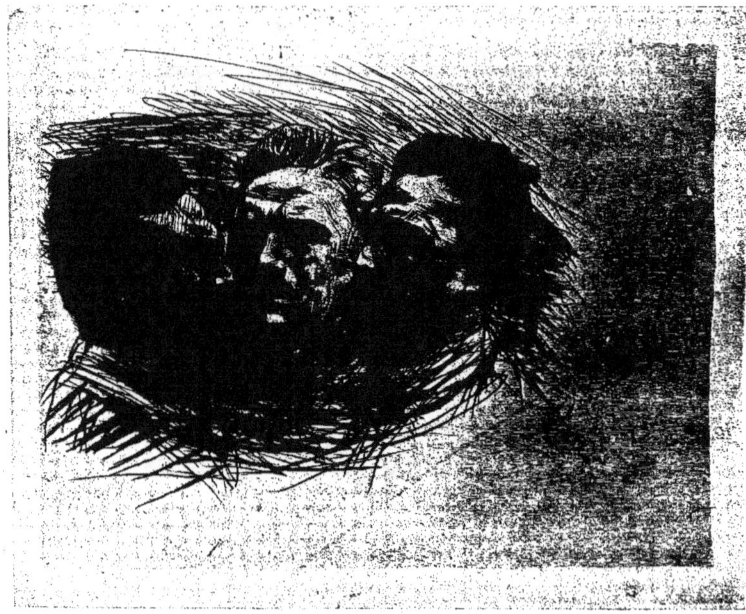

(1885) — *1er état.* (Cat. Roger Marx, n° 8 — 2 états décrits).

1er État. Avant quelques travaux, notamment sur la figure et le vêtement du personnage de gauche. Fort rare. **Etat reproduit.** Collection de MM. Marcel Guérin (épr. de Ragault), Roger Marx.

2e — Avec quelques travaux ajoutés sur le personnage de gauche. Très rare. **État reproduit.** Collection de MM. F. Bracquemond, G. Bourcard (épr. de Champfleury).

3e — Avec quelques nouveaux travaux ajoutés, plus spécialement sur les vêtements. **État reproduit.** Les premières épreuves de cet état sont chargées de barbes; elles sont très rares. Collection de M. Loys Delteil.

N. B. : En cet état, mais déjà très dépouillée, la planche a été publiée dans l'*Estampe originale* (trimestre d'avril-juin 1893).

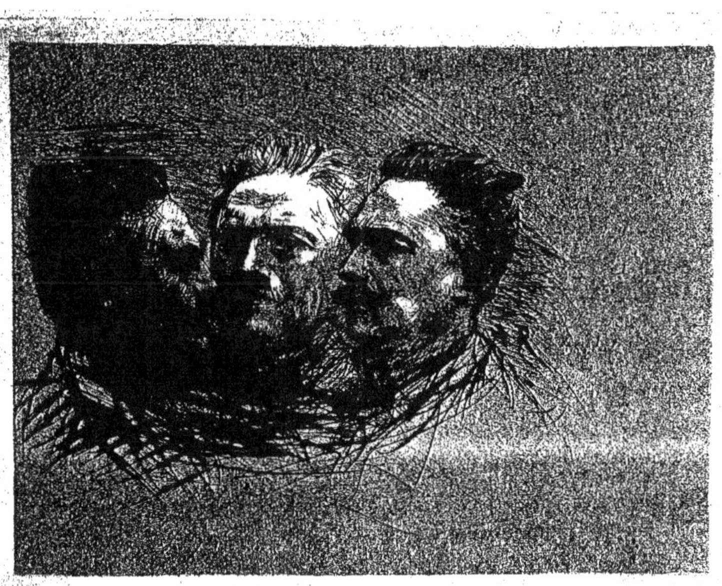

à mon ami Bracquemond

2e état.

4e Etat. Avec des taches d'oxyde sur diverses parties du cuivre, une notamment très forte dans le bas, à droite.

5e — Les taches d'oxyde sont effacées. La planche est en grande partie usée.

---

**VENTES** : Champfleury (1891), 2e état, 59 fr.; H. Fantin-Latour (1905), 3e état, 50 fr.; Anonyme, mai 1905 (Cte Mathéus), 3e état, 29 fr.; Anonyme, mars 1905, 3e état, 252 fr. et 62 fr.; Anonyme, 14 novembre 1906, 3e état, 23 fr.; A. Ragault (1907) 1er état, 500 fr.; P. Leroi (1907), 1er état, 350 fr.; Anonyme, 4 novembre 1910 (épr. de l'Estampe originale), 25 fr.

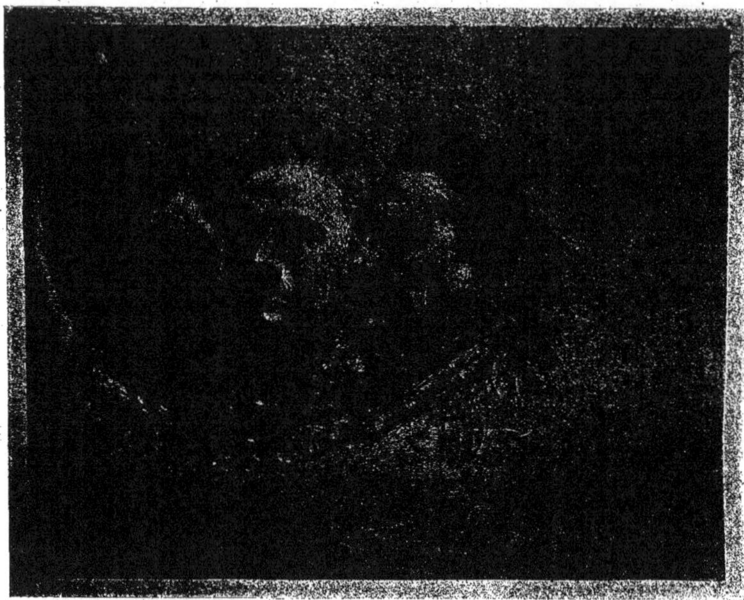

*3e état.*

Cette planche a été reproduite en 3e état, dans les « Pointes sèches de Rodin », par M. Roger Marx, 1902, dans le numéro de mars 1903, du « Studio » en accompagnement d'un article de Walter Shaw Sparrow, enfin, mais en partie seulement, dans le journal politique « L'Eclair » (Dimanche, 14 août 1910).

---

Des épreuves d'**Henri Becque**, à la Kunsthale de Brême, dans les collections de MM. Alf. Beurdeley, G. Eissler, Max Biach, Campbell Dodgson, G. Haviland, etc.

*Le cuivre existe* (mais complètement usé).

## 10. — ANTONIN PROUST

(H. 238 millim. L. 177)

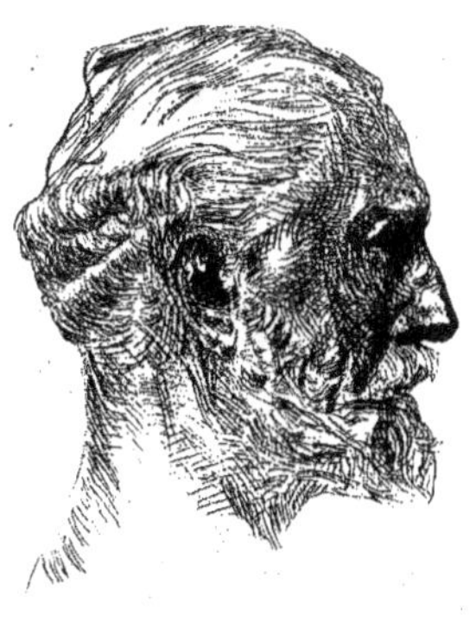

(1885) — *1er état.* (Cat. Roger Marx, n° 9 — 4 états décrits).

1er Etat. Non terminé. **État reproduit.** Fort rare. Cinq ou six épreuves. Collection de MM. Roger Marx, Ch. Waltner.

2e — Avec de nombreux travaux exécutés à la pointe sèche. **Etat reproduit.** Fort rare. Collection de M. Roger Marx.

3e — Avec de nouveaux travaux à la pointe sèche, notamment dans les cheveux. **Etat reproduit.** Fort rare. Collection de M. Loys Delteil.

4e — Encore avec de nouveaux travaux, la planche ébarbée. **Etat reproduit.** Collection de MM. Ch. Bermond, Alf. Beurdeley, Max Biach, J. Doucet, G. Eissler, R. Marx, etc.

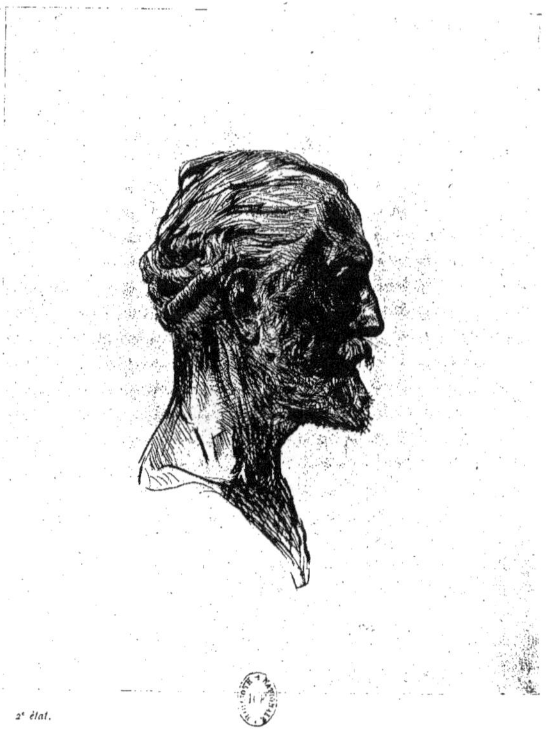



2e état.

5e Etat. Avec de nouveaux travaux dans les cheveux, sur la joue et dans la barbe; le bas de l'oreille est plus mince que dans l'état qui précède. Etat publié dans la revue allemande **Pan**, où cette planche accompagne une étude de M. Roger Marx sur **Rodin** (nov. 1897 — avril 1898). Au bas de la marge — qu'on rencontre le plus souvent coupée dans sa partie inférieure, on lit : AUGUSTE RODIN, ANTONIN PROUST ORIGINAL RADIERUNG PAN III 3.

6e — Le cuivre est réduit à 220 millim. de H. (au lieu de 238) sur 139 de L. (au lieu de 177). Etat publié dans les exemplaires de luxe de : AUGUSTE RODIN, STATUAIRE, par **Léon Maillard**, Paris, *H. Floury*, 1899.

7e — On lit au B. au M. : ANTONIN PROUST. Sans autre lettre. Etat publié dans : AUGUSTE RODIN, STATUAIRE, par **Léon Maillard**, ainsi que dans les *exemplaires de luxe* du même ouvrage où elles accompagnent l'épreuve de l'état précédent.

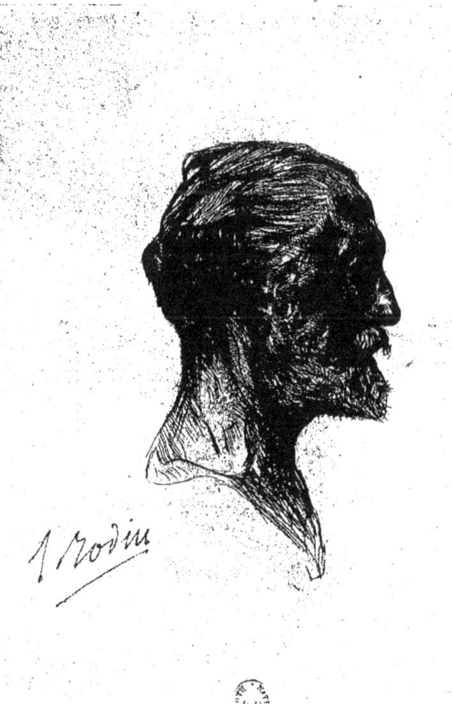

3ᵉ état.



**VENTES** : A. Barrion (1904), sans désignation d'état, épreuve avec dédicace, 45 fr.; Anonyme, 29 janvier 1908, 200 fr.; L. Dumont (1908), 4ᵉ état, 26 fr.; Anonyme, 22 décembre 1909, 4ᵉ état, 71 fr.

---

Le portrait d'*Antonin Proust*, reproduit en 4ᵉ état, dans les *Pointes Sèches de Rodin*, par Roger Marx, puis dans le nº de mars 1903 du **Studio**, a été exposé, en 2ᵉ et en 4ᵉ état, au Musée du Luxembourg (*Exposition temporaire, Février-Mars 1905*).

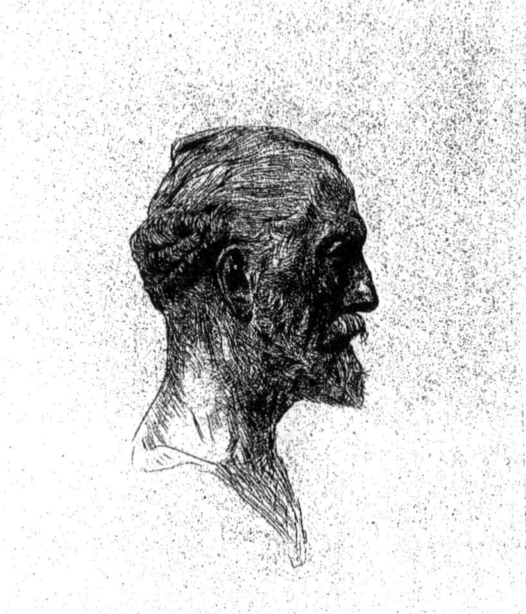

*4ᵉ état.*

Auguste Rodin a également sculpté, en 1885, un buste d'Antonin Proust, dont la pièce ci-dessus est d'ailleurs inspirée.

*Le cuivre existe ?*

## 11. — AMES DU PURGATOIRE

(H. 154 millim. L. 099)

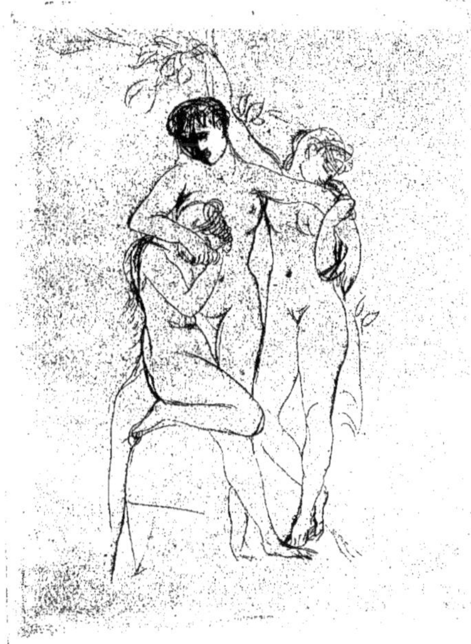

(1893) — 1er état. (Cat. Roger Marx, n° 10 — 1 seul état décrit).

1er État. Avant la signature de Rodin, au bas à gauche, et avec quelques différences dans le modelé de la femme du milieu du groupe. De plus, le cuivre mesure 118 millim. de L. (au lieu de 099). Fort rare. **L'état reproduit.**

2e — Avec la signature : *Rodin*, au bas à gauche. Le cuivre diminué sur sa largeur, ne mesure plus que 0,99. Etat publié dans la 2e série de la *Vie Artistique*, de **Gustave Geffroy** (Dentu, 1893).

---

Un dessin des *Ames du Purgatoire*, gravé sur bois par Beltrand et Dété, a été publié d'abord en camaïeu dans : AUGUSTE RODIN, statuaire, par **Léon Maillard** (Paris, H. Floury, 1899), puis au trait dans les « Pointes sèches de Rodin », par **Roger Marx**.

*Le cuivre existe.*

## 12. — L'ÉTERNELLE IDOLE

(H. 284 millim. L. 206)

(Non décrite par M. Roger Marx).

Lithographie tirée à quelques épreuves seulement.

Collections de MM. A. Rodin, Loys Delteil.

*Pierre détruite.*

## 13. — DEUX FIGURES

(H. 270 millim. L. 228)

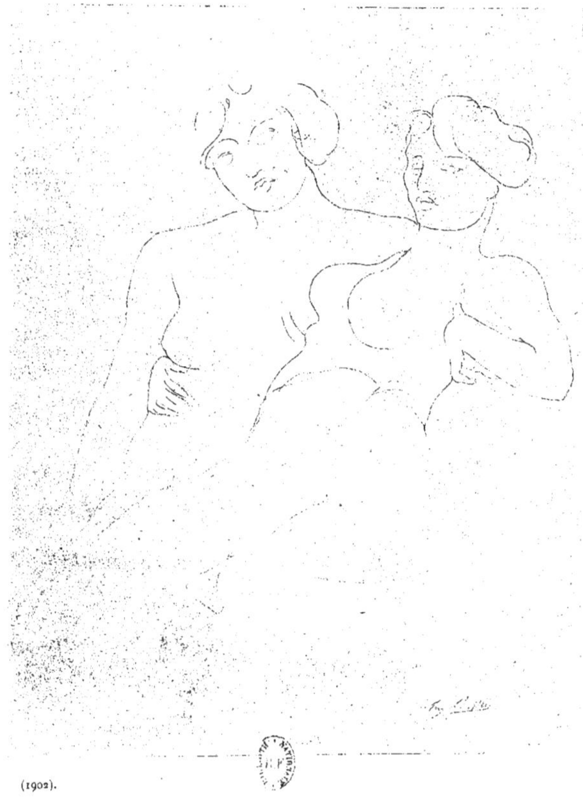

(1902).

Lithographie publiée dans le **Jardin des Supplices**, d'Octave Mirbeau, édité par M. A. Vollard.

---

Le **Jardin des Supplices**, édité par M. A. Vollard, l'expert bien connu de la rue Laffitte, a été tiré à 200 exemplaires se décomposant comme suit : 15 exemplaires sur japon impérial, avec double suite : planche de trait, et épreuve des deux planches (trait et teinte) — 30 exemplaires sur chine, également avec double suite ; enfin 155 exemplaires sur vélin. En dehors de ce tirage, il existe des lithographies de Rodin, quelques rares épreuves *d'essai*. L'ouvrage contient vingt lithographies ; mais en réalité, cinq seulement ont été exécutées *directement sur pierre* par le maître-statuaire ; les autres planches, ainsi que nous l'avons déjà consigné dans la biographie de l'artiste, sur des indications très précises, sont de M. A. Clot qui a transporté sur les pierres, avec un talent remarquable, les dessins de Rodin préparés dans ce but. Nous n'avions toutefois pas à les comprendre dans notre catalogue qui ne doit renfermer — en dehors de toute autre préoccupation ou considération — que les œuvres *indiscutablement* de la main de Rodin.

Les cinq lithographies exécutées par A. Rodin lui-même, sont les pièces cataloguées par nous, sous les n^os^ 13 à 17 inclusivement.

Nous aurions désiré fournir de plus amples renseignements sur cette belle édition du **Jardin des Supplices** : mais c'est déjà avec peine que nous avons pu rassembler les quelques renseignements que nous donnons ci-dessus.

## 14. — UNE FIGURE

(H. 238 millim. L. 210)

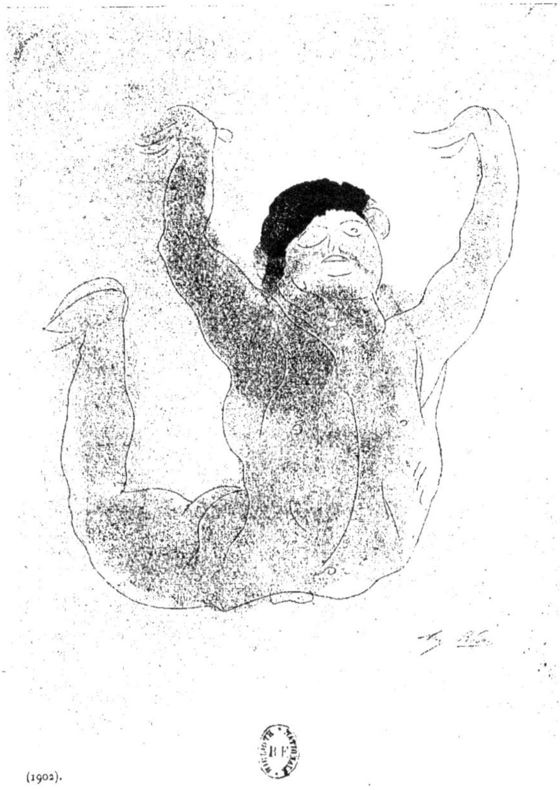

(1902).



Lithographie publiée dans le **Jardin des Supplices**, d'Octave Mirbeau (voir la note du n° précédent).

## 15. — UNE FIGURE

(H. 292 millim. L. 180)

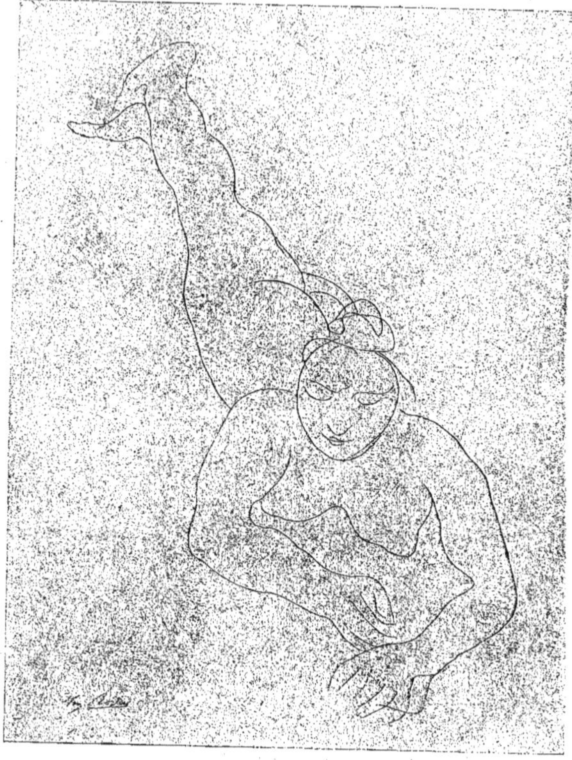

(1902).

Lithographie publiée dans le **Jardin des Supplices**, d'Octave Mirbeau (voir la note du n° 13).

## 16. — UNE FIGURE

(H. 280 millim. L. 185)

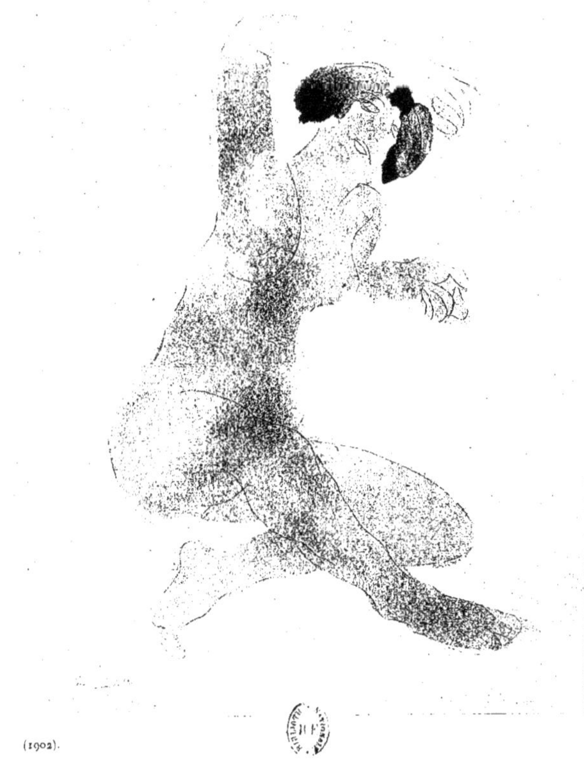



(1902).

Lithographie publiée dans le **Jardin des Supplices**, d'Octave Mirbeau (voir la note du n° 13).

## 17. — UNE FIGURE

(H. 290 millim. L. 135)

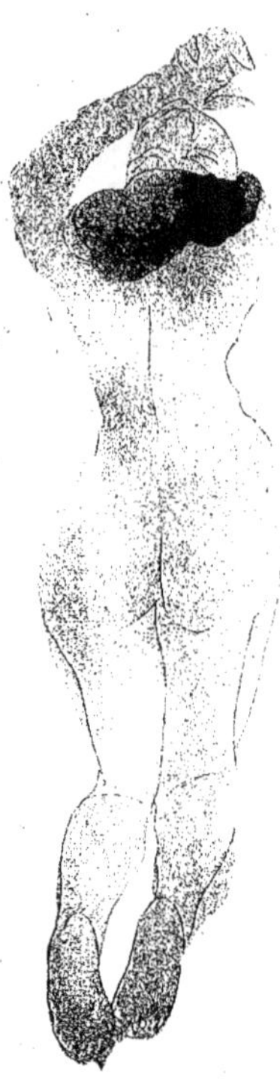

(1902).

Lithographie publiée dans le Jardin des Supplices, d'Octave Mirbeau (voir la note du n° 13).

En dehors des lithographies cataloguées ci-avant, il existe aussi de Rodin plusieurs croquis de *femmes nues* transportés sur pierre et généralement tirés en deux tons. Mais ces planches, qui passent le plus souvent pour des lithographies *originales* du Maître-statuaire, ne sont en réalité que des fac-similés lithographiques exécutés d'ailleurs avec beaucoup d'habileté et bien dans l'esprit des originaux, par M. Clot.

Ajoutons à titre de renseignement complémentaire, que l'une de ces planches a été publiée dans l'album « **Germinal** », une autre dans le second recueil des **Peintres-Graveurs**, édité par M. Vollard.

Nous ne reviendrons pas ici sur l'édition du **Jardin des Supplices**, nous nous sommes déjà expliqués à son sujet ; mais nous devons encore signaler que d'autre part, la **Gazette des Beaux-Arts** avait tenté la publication, il y a quelques années, d'un album de *Douze dessins d'Auguste Rodin reproduits en fac-similés* (par M. A. Clot), avec *préface par Roger Marx ;* un prospectus et une planche-spécimen avaient même été lancés ; cependant aucune suite n'a été donnée quant à présent à cet intéressant projet, bien que la plupart des pierres soient exécutées, si notre mémoire ne nous fait pas défaut.

Il existe encore d'autres fac-similés de dessins de Rodin, toujours conçus dans le goût et dans l'esprit des planches du **Jardin des Supplices** ou des albums de *Germinal* et des *Peintres-Graveurs ;* la publication d'une douzaine de ces fac-similés a été faite par les soins de M. Maurice Fenaille.

Dans une revue, qui n'eut qu'une durée éphémère, et qui était accompagnée d'une préface de M. Camille Sainte-Croix, figure sous le qualificatif : **Lithographie** et sous le titre : **Etude**, *deux figures de femmes*, de Rodin ; informations prises, il ne s'agit pas d'une lithographie, mais d'un *fac-similé ;* c'est pourquoi nous n'avons pas catalogué cette *Etude*.

Enfin, mentionnons en dernier lieu, les fac-similés au nombre de onze, exécutés à l'eau-forte et à l'aqua-tinte par Henri Boutet et tirés en plusieurs tons ; l'une de ces planches a été incorporée dans un fascicule de : **L'Eau-forte** (pl. 27).

# APPENDICE

A

L'ŒUVRE GRAVÉ ET LITHOGRAPHIÉ

D'

# AUGUSTE RODIN

En raison de l'intérêt exceptionnel des pointes sèches exécutées par Auguste Rodin, nous devons pour rendre notre travail aussi utile que possible, consacrer un chapitre spécial aux **reproductions** plus ou moins trompeuses qui en ont été faites par la *photogravure* ou *l'héliogravure* et ce, dans des conditions qui ne délimitent pas toujours avec la clarté suffisante pour l'amateur, leur caractère particulier de **reproduction** ; aussi, bien que nous ayions déjà mentionné au cours des pages précédentes, quelques-unes de ces reproductions, nous ne craignons pas d'attirer à nouveau l'attention à leur sujet, d'autant que nous avons aussi à signaler — ce que nous avons omis — les héliogravures publiées dans l'ouvrage sur **Auguste Rodin, l'Œuvre et l'Homme**, par Judith Cladel (**Bruxelles**, Van Oest, 1908).

Cet important ouvrage sur l'œuvre de Rodin en général, ne renferme pas moins de **sept** reproductions par l'héliogravure, des plus importantes pointes sèches du maître, sinon dans la dimension exacte des originaux, du moins ne s'en éloignant pas beaucoup. Ces reproductions un peu plates et lourdes d'aspect, n'offrent — pour un œil exercé — qu'une idée imparfaite des originaux ; la différence voulue dans la dimension des cuivres, aide aussi à reconnaître ces fac-similés des originaux ; toutefois, la confusion pourrait à l'occasion s'établir quand même dans l'esprit des amateurs non prévenus, ces fac-similés portant sur les feuillets de garde, la mention suivante : **Pointe sèche**, comme d'autres planches dans le même ouvrage, sont au contraire accompagnées du qualificatif : *Sculpture* ou *Dessin*, selon qu'il s'agit de la reproduction d'une *Pointe sèche*, d'une Sculpture ou d'un Dessin ; détachées du livre original, ces héliogravures peuvent alors donner lieu à des méprises ; nous en établissons donc ci-dessous la liste, en accompagnant chacune d'elles de leurs dimensions respectives :

I° Les **Amours conduisant le Monde**, reproduit une épreuve du 2ᵉ état : le sujet mesure 250 millim. de L. sur 199 de H., et le cuivre 290 de L., sur 235 (celui de l'original 250-200).

II° **Buste de Bellone**, le cuivre mesure 192 millim. de H., sur 142 de L. (dimensions du cuivre original 148-100).

III° **La Ronde.** Le cuivre au lieu d'être en hauteur pour sa plus grande dimension, est en largeur dans cette reproduction et mesure 217 de L., sur 170 de H. (dimensions du cuivre original L. 178, H. 230).

IV° **Victor Hugo, de trois quarts** (le masque principal est seul reproduit). Le cuivre mesure 233 de H., sur 165 de L. (dimensions du cuivre original pour l'état correspondant : 222-151).

V° **Victor Hugo, de face**, reproduit une épreuve du 3ᵉ état. Le cuivre mesure 235-170 (dimensions du cuivre original, 222-159).

VI° **Henri Becque**, reproduit une épreuve très dépouillée. Le cuivre mesure 236 millim. de H., sur 199 de L. (dimensions du cuivre original 204-159).

VII° **Antonin Proust**, reproduit une épreuve du 4ᵉ état. Le cuivre mesure 228 de H., sur 168 de L. (dimensions du cuivre original, 238-177).

En résumé, il existe donc, — à notre connaissance du moins, — le nombre suivant de reproductions quasi-trompeuses des pointes sèches d'Auguste Rodin : une des nᵒˢ 1, 3, 6, 9 et 10 de notre catalogue, deux du n° 5 et trois du n° 7.

FRAZIER-SOYE

Graveur-Imprimeur

153-155-157, Rue Montmartre

PARIS

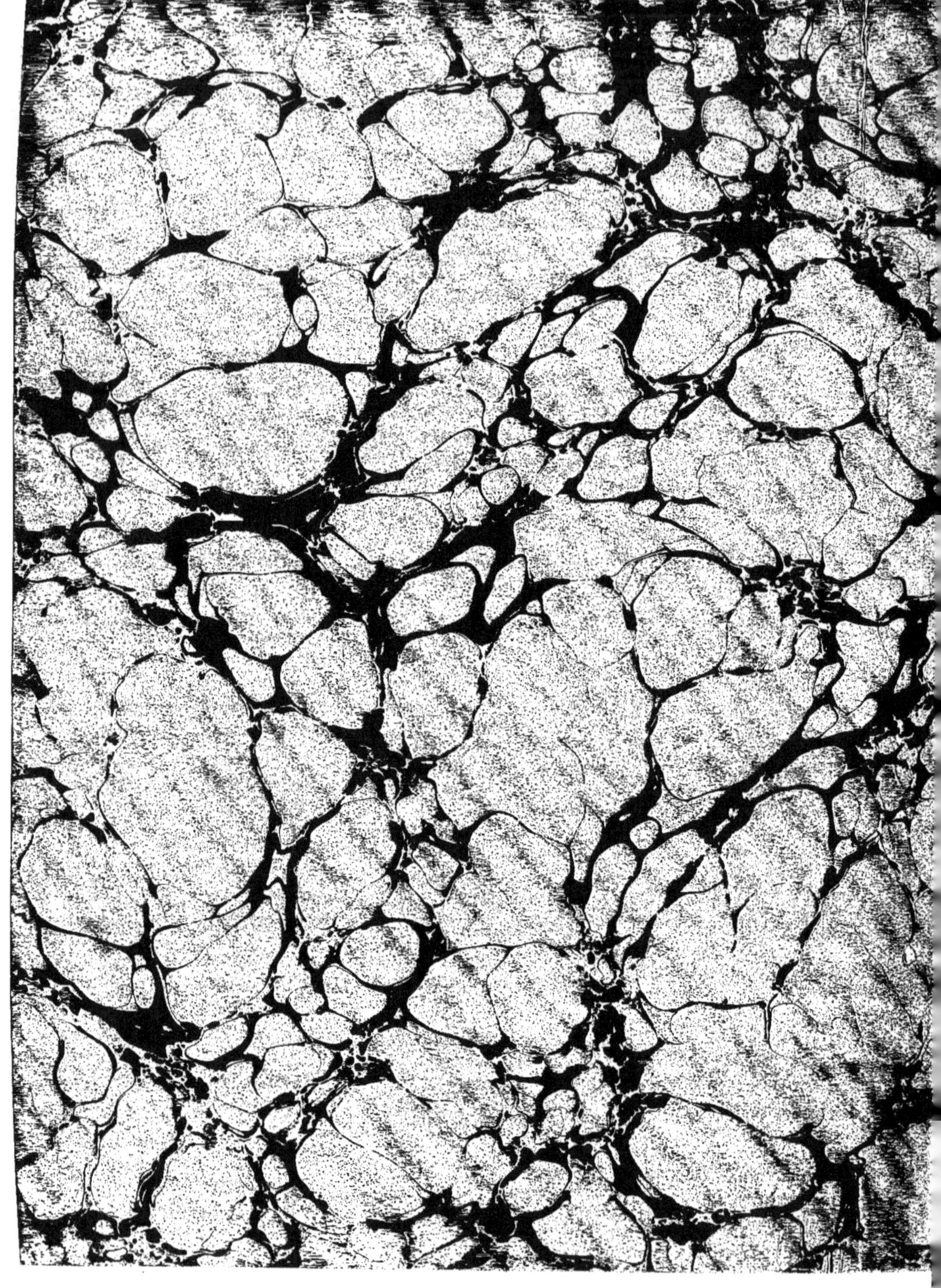

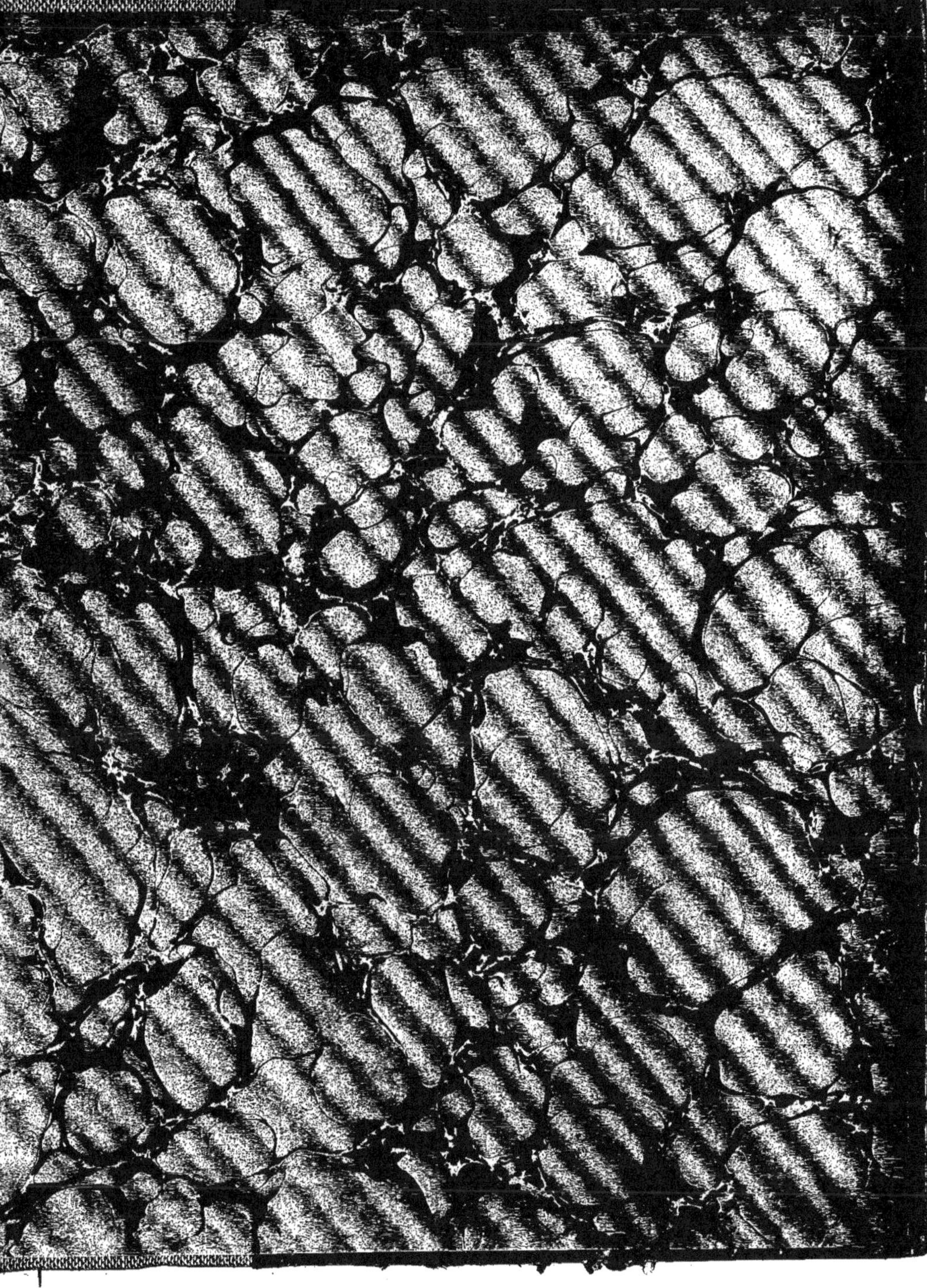

www.ingramcontent.com/pod-product-compliance
Lightning Source LLC
LaVergne TN
LVHW020333230826
846091LV00003B/849